TOM ZÉ: ESTUDANDO O SAMBA

Bernardo Oliveira

TOM ZÉ:
ESTUDANDO O SAMBA

Cobogó

SUMÁRIO

Sobre a coleção **O LIVRO DO DISCO**   7

Agradecimentos   9

Introdução: Descanção   11

Parte 1. OS ESTUDOS   21

Capítulo 1. Complexo de épico   23

Capítulo 2. Procuratividade   47

Parte 2. ESTUDANDO O SAMBA   61

Capítulo 3. Sambista de fato   63

Capítulo 4. "The *cavaquinho* deconstructed!"   73

Capítulo 5. Faixa a faixa   91

Conclusão: O mistério de *Estudando o samba*   107

Post scriptum: Entrevistas   117

Referências   131

Ficha técnica do disco   135

Discografia   137

Sobre a coleção O LIVRO DO DISCO

A coleção O Livro do Disco foi lançada em 2014, pela Cobogó, para apresentar aos leitores reflexões musicais distintas sobre álbuns que foram – e continuam sendo – essenciais na nossa formação cultural e, claro, afetiva. Inspirada inicialmente pela série norte-americana 33 1/3, da qual publicamos traduções fundamentais, O Livro do Disco hoje tem uma cara própria, oferecendo ao público livros originais sobre música brasileira que revelam a pluralidade e a riqueza da nossa produção.

A cada título lançado, o leitor é convidado a mergulhar na história de discos que quebraram barreiras, abriram caminhos e definiram paradigmas. A seleção de álbuns e artistas muitas vezes foge do cânone esperado. Isso se dá, sobretudo, devido à formação diversa dos autores: críticos, músicos, pesquisadores, produtores e jornalistas que abordam suas obras favoritas de maneira livre, cada um a seu modo — e com isso produzem um rico e vasto mosaico que nos mostra a genialidade e a inventividade encontradas na sonoridade e nas ideias de artistas do Brasil e do mundo.

O Livro do Disco é para os fãs de música, mas é também para quem deseja um contato mais aprofundado, porém acessível, com o contexto e os personagens centrais de trabalhos que marcaram a história da música. Em tempos de audição fragmentada e acesso à música via plataformas de *streaming*, (re)encontrar esses discos em sua totalidade é uma forma de escutar o quanto eles têm a dizer sobre o nosso tempo. Escolha seu Livro do Disco e se deixe embalar, faixa a faixa, por sons e histórias que moldaram — e seguem moldando — nossas vidas.

Agradecimentos

Arto Lindsay, Carla Gallo, Catriona Schlosser, David Byrne, Emilie Bloch, Filipe Di Castro, Frederico Coelho, Gregório Bacic, José Fernando Martins, Isabel Diegues, Lorena Calábria, Mariana Mansur, Mauro Gaspar, Nazy Karimi, Neusa Martins, Paulo da Costa e Silva, Romulo Fróes, Tania Lopes, Tom Zé, Vicente Adorno, Vicente Barreto.

Introdução: Descanção[1]

A proposta é a seguinte. Como o meu começo é o meu fim, quando eu estou aqui no começo, eu estou aqui no fim. Toda hora que meu fim é posto em xeque, eu vou no começo saber o que tem de errado.

— TOM ZÉ em entrevista à revista *Caros Amigos*, publicada em 21 de fevereiro de 2011

A princípio este livro se dedicaria a abordar apenas um enigma: quais as condições que tornaram possível o anonimato de *Estudando o samba*, quinto disco de Tom Zé, por tantos anos? No início dos anos 1970, discos com uma orientação sonoramente mais exploratória, como *Araçá azul*, de Caetano Veloso, ou *Milagre dos peixes*, de Milton Nascimento, se não constituíam

---

[1] Neologismo presente em *Tropicalista lenta luta* diz respeito à posição de Tom Zé enquanto compositor, entre a simplicidade da cantiga, a fuga do "corpo-cancional" da música brasileira e a tendência em desconstruir e radicalizar na experimentação: "Limpar o campo, não usar o corpo--cancional; plasmar a cantiga com outra matéria (...), outra substância. (...) Minha quimera de fazer uma des-canção não aludia à canção em si, era só um artifício para eu poder cantar sem cantor." ZÉ, Tom. *Tropicalista lenta luta*. São Paulo: Publifolha, 2003, pp. 22-24.

uma regra no cenário musical brasileiro, ao menos obtinham alguma visibilidade através da imprensa. O que teria ocorrido com este disco, atualmente reconhecido como um dos mais importantes dessa década fundamental para a consolidação da chamada MPB?

A tarefa se mostrou necessariamente mais ampla ao longo da pesquisa. A escassez de materiais a respeito da composição, dos arranjos, da instrumentação, dos casos de estúdio e da recepção do disco redobrava os esforços e a quantidade de enigmas. Seria preciso sondar contextos simultâneos, desdobrar a noção de "estudo", explicá-la em uma dinâmica multitemporal, articulando conexões com a eclosão e dissolução do grupo tropicalista, as reações da esquerda "cepecista",[2] o programa de provocação ao *establishment* implícito já no álbum *Todos os olhos* (1973), o ostracismo, a redescoberta no início dos anos 1990, a repercussão na Europa e nos Estados Unidos. Para além da pesquisa historiográfica, seria preciso uma entrega particular à decifração e à interpretação, atividades que se encontram a meio caminho tanto da lógica e da pesquisa quanto do jogo e da imaginação.

Nada garantia que, ao fim da decifração, encontraríamos uma verdade límpida e cristalina. Pelo contrário, o pesquisador é convocado a se arriscar no perigoso jogo da verdade e da mentira. Houve trapaça? Ou Tom Zé comprou inimigos com sua verve irônica implacável, modos escrachados e práticas *avant-*

---

[2] Criado em 1961 por intelectuais de esquerda e artistas de diversas áreas, o Centro Popular de Cultura (CPC) foi uma organização associada à União Nacional dos Estudantes (UNE). Tinha por objetivo a criação e difusão de uma 'arte popular revolucionária', defendendo o caráter coletivo e didático da obra de arte, assim como o engajamento político do artista.

-*garde*? Sua trajetória exige que o pesquisador pense para além do bem e do mal, da verdade e da mentira, e de todos os valores correntes e reconhecidos. Isso porque a música de Tom Zé desafiava os ditames aceitos pelo "gosto médio vigente"[3] (inclusive o "gosto" dos críticos e das vanguardas), e desafia ainda hoje, mesmo em dias de explosão informática e informacional. No documentário dirigido por Carla Gallo, *Tom Zé ou Quem irá colocar uma dinamite na cabeça do século?*, seu ex-professor nos Seminários de Música Livre da Bahia, Joachim Koellreutter,[4] afirma que uma das qualidades que definem o estilo de Tom Zé é a superação de certos dualismos, tais como consonância e dissonância, belo e feio. Não que isso seja uma novidade, mas vale acompanhá-lo mais adiante: "Para mim, ele é um representante de um novo pensamento cujas características talvez ainda não conheçamos. Alguma coisa que está prestes a chegar." Sendo assim, tornou-se necessário também ir à matéria das coisas, digo, escutar a música de Tom Zé de forma comparativa em relação à música brasileira, desde seu primeiro compacto, lançado em 1965, até as cantigas irônicas que ele posta periodicamente nas redes sociais.

O intérprete que pretende compreender o enigma *Estudando o samba* se depara inicialmente com a aplicação do

---

[3] Expressão utilizada por Tom Zé em entrevista para este livro (daqui por diante identificada como "Entrevista Tom Zé"): "Tinha um show em que eu dizia que todo estúdio era um representante do *establishment* — não só em referência ao gosto musical, mas em referência a todo o procedimento estético — que se tornava até uma espécie de censor do gosto vigente, do gosto médio vigente..."

[4] O alemão Hans Joachim Koellreutter (1915-2005) e os suíços Ernst Widmer (1927-1990) e Walter Smetak (1913-1984) foram professores de Tom Zé na Escola de Música da Universidade Federal da Bahia.

termo "estudo", curiosamente reproduzido em dois dos trabalhos que marcaram o reaparecimento de Tom Zé a partir do início da década de 1990, *Estudando o pagode* (2005) e *Estudando a bossa* (2008). Aparentemente, a ideia de que um autor como Tom Zé, àquela altura considerado problemático, se propusesse a "estudar" o samba em meados da década de 1970 soava como uma pretensão no mínimo imprudente. O que constituiria esse estudo? Um exercício meramente intelectual de desconstrução dos clichês do samba? O relato de uma pesquisa histórica? Um estudo expositivo de cunho pedagógico nos moldes da catequização popular dos CPCs? Ou ainda um exercício de enfadonha análise semiótica, capaz de enterrar de vez sua carreira? O que o samba tem a ver com "estudo", já que "não se aprende na escola"? Para o "ouvido médio" do eixo Rio-São Paulo, entretanto, a audição de *Estudando o samba* contrariava qualquer expectativa. Em termos comparativos, não se aparentava com nenhum trabalho artístico disponível, além do fato de que o próprio termo "estudo" não estimulava uma compreensão adequada daquilo que propunha Tom Zé.

A noção de "estudo" desponta em sua obra a partir da confluência e do desenvolvimento de ideias e interesses comuns, em parte compartilhados com o núcleo central do tropicalismo, e, em paralelo, constituindo-se a partir de uma pesquisa própria. Ao batizar seu disco de 1976 como um "estudo", Tom Zé consolida a trajetória singular que começa em Irará, nos anos 1940, e deságua no desterro na década de 1970. Do ponto de vista do artista vinculado ao movimento tropicalista, surgia a vontade de intervir no contexto geral, uma tendência a modificar o ambiente da produção cultural brasileira. Por outro lado, do ponto de vista do artista dissidente, tratava-se de ampliar a radicalização da singularidade inventiva através de uma via de mão dupla: a percepção e denúncia do "complexo de épico" — crítica ao *ethos* estético-político da cultura brasileira — e o exercício da "procuratividade",[5] ou seja, a procura incessante por meios através dos quais se poderia transfigurar a precariedade e o "defeito de fabricação".[6] Articulando a crítica ao "complexo

---

[5] Outro neologismo criado por Tom Zé a partir de uma situação descrita em sua revisão do tropicalismo, *Tropicalista lenta luta*. No início da década de 1960 em Salvador, Tom Zé fez sua primeira aparição pública na televisão, no programa *Escada para o sucesso*, apresentado por Nilton Paes e transmitido pela TV Itapoã. Intitulada *Rampa para o fracasso*, a performance era uma crônica bem-humorada e anárquica da sociedade baiana da época, reunindo e comentando notícias de jornal. Esse procedimento original rendeu elogios do apresentador, que ressaltou a "criatividade e personalidade" do artista. Rememorando a história em *Tropicalista lenta luta*, Tom Zé nota que se sentiu incomodado com os comentários do apresentador: "Senti certa estranheza. Parecia que se falava de outra coisa, já que minha única preocupação com a cantiga tinha sido a inteligibilidade. Saber se aquele aranzel de blocos era decodificável; principalmente, se estabelecia comunicação imediata, de chofre, ao vivo, em tempo real. Depois da gigantesca luta para manter a docisão de cantar aquela música, o que me explodia na mente era: 'Deu certo, posso fazer isso. Comunica. Entende-se. A ideia fala.' (...) Eu antevia também a deliciosa possibilidade de darem certo várias bifurcações corolárias no modo de compor, que durante as duas semanas de preparação aventara e abandonara. Nesse contexto, as palavras "criatividade" e "personalidade" eram inadequadas (...). Como, criatividade? Eu não poderia fazer outra coisa senão aquilo! Procuratividade poderia ser." ZÉ, Tom. Op. cit., p. 45.

[6] *Com defeito de fabricação* é o título de um álbum de Tom Zé lançado pela Luaka Bop em 1998 e no Brasil em 1999 pela Trama. Na contracapa, Tom Zé explica: "O Terceiro Mundo tem uma crescente população. A maioria se transforma em uma espécie de 'android', quase sempre analfabetos e com escassa especialização para o trabalho. Isso acontece aqui nas favelas do Rio, São Paulo e do Nordeste do país. E em toda a periferia da civilização. Esses androides são mais baratos que o robô operário fabricado em Alemanha e Japão. Mas revelam alguns 'defeitos'

de épico" e intensificando o exercício da "procuratividade", sua pesquisa se consolidaria de forma definitiva em *Estudando o samba*, cuja gravação em oito canais foi iniciada em junho e finalizada em outubro ou novembro de 1975, no extinto estúdio Sonima, que ficava na Av. Rio Branco, São Paulo. O disco foi lançado em fevereiro ou março de 1976, no anonimato.

Um olhar mais atento mostra que não se trata de um estudo analítico sobre o samba ou de um samba de conservatório, excessivamente "estudado". Por sua vez, o verbo no gerúndio ("estudando") desenraíza as certezas que amparam a noção de "tradição", transmitindo a ideia de trânsito e deslocamento, indicando que o disco representa o resultado parcial de uma pesquisa contínua. O movimento de se estudar o samba, assim, implica um duplo aspecto: primeiro, foi preciso desmontá-lo, expondo seus mecanismos, suas peças fundamentais ("o cavaquinho desconstruído", nota David Byrne), não sem deixar expostas certas feridas decorrentes do ímpeto incisivo de Tom Zé; depois, remontá-lo a partir dos critérios concebidos pelo artista, contraditoriamente voltados para a elaboração de canções. Se "o samba está aprisionado por seus próprios cultores",[7] o artista intervém com um movimento duplo de desconstrução e

---

inatos, como criar, pensar, dançar, sonhar; são defeitos muito perigosos para o Patrão Primeiro Mundo. Aos olhos dele, nós, quando praticamos essas coisas por aqui, somos 'androides' COM DEFEITO DE FABRICAÇÃO. Pensar sempre será uma afronta."

[7] Tom Zé, no programa de televisão *O som do vinil*, idealizado, apresentado e codirigido por Charles Gavin, exibido pelo Canal Brasil. De agora em diante identificado como Programa *O som do vinil*.

recriação. Aliando crítica de costumes e experimentos poético-
-sonoros, problemáticos até mesmo no âmbito tropicalista, Tom
Zé instala uma crise que permanecerá silenciosa por cerca de
quinze anos. Tomemos como ponto de partida a frase que encabeça esta introdução: "Como o meu começo é o meu fim, quando eu estou aqui no começo, eu estou aqui no fim." Ela não diz respeito a *Estudando o samba*, mas encerra um movimento digno de atenção: Tom Zé se pergunta pelo próprio "enigma Tom Zé". Não me refiro a um enigma somente por vício de linguagem, mas pelo caráter errático da vida e da obra que ele mesmo põe em jogo ao tematizar, em tom de provocação, seu "começo" e seu "fim". A citação faz uma referência a "East Coker", segundo poema de *Four Quartets* [Quatro quartetos], de T.S. Eliot, grupo de poemas publicados em conjunto pela primeira vez em 1943.[8] Composto por "Burnt Norton", "East Coker", "The Dry Salvages" e "Little Gidding", *Four Quartets* tematiza as relações dos seres humanos com o tempo, o universo e a divindade, combinando elementos cristãos, místicos, poéticos, filosóficos, além de citações de variadas procedências e épocas. A despeito da inclinação cética e religiosa, "East Coker" ressoa na declaração de Tom Zé como uma reflexão acerca da sua posição ambígua no contexto cultural brasileiro. Observem que as palavras "começo" e "fim", talvez em alusão ao caráter

---

[8] "In my beginning is my end. In succession / Houses rise and fall, crumble, are extended, / Are removed, destroyed, restored, or in their place / Is an open field, or a factory, or a by-pass. (...)" [Em meu princípio está meu fim. Umas após as outras / As casas se levantam e tombam, desmoronam, são ampliadas, / Removidas, destruídas, restauradas, ou em seu lugar / Irrompe um campo aberto, uma usina, um atalho.] (T.S. Eliot. *Obra Completa — Volume I — Poesia*. Tradução, introdução e notas de Ivan Junqueira. São Paulo: Editora Arx, 2004.)

atemporal do poema de Eliot, trocam posições deslocando-se sutilmente nesta frase proferida em uma entrevista realizada em 2011. A citação não parece gratuita, pois, como veremos adiante, a atemporalidade (ou um certo grau de desprezo pela "temporalidade cronológica") é uma das prerrogativas mais caras aos "estudos". O "começo" pode situar-se em Irará, sua cidade natal; quando venceu o prêmio do Festival da Canção de 1968; ou, mais tarde, na gravação de *Todos os olhos*. Um outro "começo", que também pode ser considerado um "fim", se deu na década de 1970, quando assistiu impassível à dissolução de *Estudando o samba*. Ou a partir de 1986, quando David Byrne, líder de uma das bandas mais importantes do pop e da vanguarda nova-iorquina, o Talking Heads, entra fortuitamente em uma loja de discos no Brasil e arremata uma cópia de *Estudando o samba*. Alguns anos depois, outro (re)começo: o mesmo Byrne edita uma coletânea e um álbum solo de Tom Zé pelo seu próprio selo, o Luaka Bop. São começos possíveis que decretam o fim de um regime de estagnação. Este mesmo "fim" será constantemente reinterpretado e reelaborado por um indivíduo fortalecido pelo acúmulo de más experiências, que ainda hoje acrescentam elementos à sua personalidade artística. A leitura lógica e linear não se mostra propícia à compreensão do "fenômeno Tom Zé" em geral, e de *Estudando o samba* em particular. Mesmo a ideia de "compreensão", que implica uma delimitação clara e distinta do objeto de análise, não parece suficiente. É preciso ir além da teorização, acompanhando os deslocamentos que atravessam seu estilo, buscando captar nexos improváveis entre vida e arte, entre dimensões subjetivas, universais e até mesmo "intergalácticas" — afinal, parafraseando Julio Medaglia, "Tom Zé é um cronista da vida, um cronista do mundo, um cronista do universo!"[9] Se procurarmos Tom Zé, músico baiano com seu sotaque "regional", encontramos Tom Zé decretando "o fim da sonata" a partir da música de Philip Glass. Se procurarmos o experimentador excêntrico, inventor de instrumentos, ele canta uma toada singela que diz: "O amor é velho e menina." Como Bob Dylan, Tom Zé "não está lá".

Isso corresponde a dizer que já não se pode interpretar Tom Zé à luz da teoria, mas é preciso excedê-la, buscar um território em que se torne apêndice de uma sensibilidade mais ampla que a engloba e define. Como exemplo de meios pelos quais se pode atingir alguma dimensão do fenômeno Tom Zé, elencamos a piada (o chiste, a linguagem do boteco e da vendinha), a embriaguez (não somente a do álcool, como também a da experiência estética), e, sobretudo, a dança. "É preciso dançar conforme a música", diz o ditado, e não faremos outra coisa ao longo deste livro.

---

[9] Programa *O som do vinil*.

PARTE 1
OS ESTUDOS

1. Complexo de épico

Todo compositor brasileiro
é um complexado.
Por que então essa mania danada,
essa preocupação
de falar tão sério,
de parecer tão sério
de ser tão sério
de sorrir tão sério
de chorar tão sério
de brincar tão sério
de amar tão sério?
Ai, meu Deus do céu,
vai ser sério assim no inferno!
(COMPLEXO DE ÉPICO)

Gravada como vinheta e encerramento de *Todos os olhos*, a composição "Complexo de épico" ocupa um papel de destaque nesse álbum que conduziu Tom Zé ao ostracismo e que antecede *Estudando o samba*. Mistura explosiva de denúncia, crítica cultural e ironia, "Complexo de épico" trazia, como nenhuma outra canção brasileira até então, a marca do dissenso irreversível, da provocação mais embaraçosa: aquela que indica não a moral particular, mas o que o sociólogo alemão Norbert Elias define como o *habitus*[10] de uma comunidade. Trata-se de uma verdadeira declaração de guerra contra o ânimo geral, a disposição cultural e afetiva, o *ethos* da cultura brasileira. "Complexo de épico" enuncia não somente o gosto pela provocação, pela ironia beirando o escárnio, mas vai além deles. Basicamente, a canção manifesta de forma direta, quase taxativa, um recado endereçado não só à totalidade dos compositores da música brasileira, como também à música brasileira como um todo. O recado não é metafórico, nem alusivo, mas claro e direto: "Todo compositor brasileiro é um complexado." Ofereço, como hipótese primordial, a ideia de que toda a recusa e portas fechadas que marcarão a carreira de Tom Zé, de 1973 até a redescoberta pelas mãos de David Byrne, nasce, sobretudo, das ideias destiladas através dessa canção. Teria sido essa a gota d'água que apartou Tom Zé na divisão de espólio do tropicalismo?[11]

---

[10] No prefácio à edição inglesa de *Os alemães*, Eric Dunning e Stephen Mennell observam: "Por '*habitus*' — uma palavra que usou muito antes de sua popularização por Pierre Bourdieu — Elias significa basicamente 'segunda natureza' ou 'saber social incorporado'. O conceito não é, de forma alguma, essencialista; de fato, é usado em grande parte para superar os problemas da antiga noção de 'caráter nacional' como algo fixo e estático. Assim, Elias afirma que 'os destinos de uma nação ao longo dos séculos vêm a ficar sedimentados no *habitus* de seus membros individuais', e daí decorre que o *habitus* muda com o tempo precisamente porque as fortunas e experiências de uma nação (ou de seus agrupamentos constituintes) continuam mudando e acumulando-se." ELIAS, Norbert. *Os alemães. A luta pelo poder e a evolução do habitus nos séculos XIX e XX*. Tradução: Álvaro Cabral. Rio de Janeiro: Zahar, 1997, p. 9.

[11] Um ano antes, em entrevista a Ricardo Vespucci, Tom Zé parecia assimilar este contexto de forma mais otimista: "Na medida em que o homem da classe média brasileira criou um processo mental que o tor-

Quanto ao título da canção, trata-se evidentemente de uma jogada com a expressão freudiana "complexo de Édipo", ideia que "desempenha um papel fundamental na estruturação da personalidade e do desejo humano",[12] representando um divisor de águas na vida psíquica do indivíduo. Já o "complexo de épico" delimitaria a formação da mentalidade, do comportamento e da moral do compositor brasileiro. O épico, gênero tradicional oriundo da poesia grega antiga, ainda hoje fornece a base para as artes narrativas, descrevendo a história dos feitos e sacrifícios do herói, isto é, do portador da capacidade de realizar grandes esforços em prol de uma ação que mudará o destino de toda a comunidade. Seus exemplares mais conhecidos são de origem grega, Homero sendo o arauto deste estilo através da *Ilíada* e da *Odisseia*. O "complexo de épico" indicaria, então, o modo com que o artista e o intelectual brasileiros, sobretudo os que eram ligados à ideologia dos CPCs, encaravam as questões relativas à "cultura nacional" e ao *establishment* político e cultural. De um lado, a síndrome heroica com que o compositor brasileiro se apresentava como porta-voz da cultura em assuntos políticos, reproduzindo adesões arbitrárias entre as escolhas estéticas e o regime ditatorial. De outro, no plano estético, este mesmo compositor mantinha-se irremediavelmente preso a determinadas formas e configurações impostas não só por uma suposta demanda pública, mas por toda uma estrutura de poder, desde

---

nou capaz de assimilar um cosmo de estrutura mais complicada, por analogia, isto vai atuar em todas as suas escolhas, em seu discernimento." VESPUCCI, Ricardo. "O futuro da família brasileira é um hálito puro", *Revista Bondinho*, janeiro. de 1972. Ver também PIMENTA, Heyk (org.). *Encontros – Tom Zé*. Rio de Janeiro: Azougue Editorial, 2011, p. 25.
[12] LAPLANCHE, J.; PONTALIS, J.B. *Vocabulaire de la psychanalyse*. Paris: Presses Universitaires de France/PUF, 2007, p. 79.

os departamentos de Artista e Repertório, conhecidos como A&R, das grandes gravadoras até os técnicos de estúdio e os apresentadores de programas de rádio e TV. Isto é, por todo um sistema de policiamento tácito da arte que vigorava durante os anos 1970 e, guardadas as devidas proporções, vigora até os dias de hoje.

> Por que então esta metáfora-coringa
> chamada 'válida',
> que não lhe sai da boca,
> como se algum pesadelo
> estivesse ameaçando
> os nossos compassos
> com cadeiras de roda, roda, roda, roda?
> (COMPLEXO DE ÉPICO)

Sob a forma de uma canção irreverente, a detecção do "complexo de épico" produzia a vinculação entre política e estética de modo bastante incomum para o debate e o contexto político dos anos 1970. Aparentemente, este "complexo" era produto da preocupação voluntarista em realizar qualquer atividade individual — estética, política — que fosse "válida" em relação à situação política e ao país como um todo. Essa situação dispunha o artista para o preenchimento das necessidades de um público com inclinações predeterminadas, o que limitava tanto os elementos estéticos, como também as próprias ferramentas com as quais ele poderia operar. Em um contexto político violento, até mesmo o emprego de uma guitarra elétrica poderia ser motivo de briga. O enigma da conexão possível entre *establishment* político e estético, tal como denunciado pelo "complexo de épico", emerge de forma mais clara em um documentário lançado em 2010, capaz de reportar outros aspectos do ambiente que envolvia os festivais de formação da MPB. Dirigido por Renato Terra e Ricardo Calil, *Uma noite em 67* traz o depoimento de Solano Ribeiro, produtor do Festival da Record de 1967, que reconhece o clima de tensão que atravessava o festival, não só por conta da disputa pelo primeiro lugar, como também pela dimensão política que o festival adquiria "por força de uma série de circunstâncias". Nota-se, acima de outros fatores, que a confusão entre circunstâncias de ordem técnica e ideológica possibilitou que um instrumento musical como a guitarra elétrica se tornasse, para segmentos à esquerda, um emissário do imperialismo norte-americano. Para Tom Zé, mais do que mero objeto ideológico, a guitarra nesta época era "um *readymade* constantemente presente, despudorado e provocador, e ao mesmo tempo um lápis de grifar que ressaltou e fez emergir as mais sutis nuances diferenciais".[13] A guitarra poderia tanto grifar uma postura política, como também assinalar um segmento de mercado reconhecidamente "brasileiro", ainda que em diálogo com a cultura rock'n'roll anglo-americana (como mais tarde veio a se confirmar com a explosão do BRock nos anos 1980). Provavelmente, uma polêmica desta natureza emergia como sintoma de um debate político-cultural acerca do Brasil, que se prolongou dos anos 1930 até a década de 1960: o que é especificamente "nacional"? O que é especificamente "popular"? O som da guitarra transitava por uma diversidade de ambientes musicais, mesmo que revestido por significados moldados por alguns desses debates, capazes de tensionar as escolhas estéticas, politizando a arte de maneira peculiar. Como afirma Caetano

---

[13] ZÉ, Tom. *Tropicalista lenta luta*. São Paulo: Publifolha, 2003, p. 58.

Veloso no filme, "era uma decisão política colocar uma guitarra elétrica em uma música".

No mesmo filme de Terra e Calil, Gilberto Gil esclarece o motivo pelo qual, em cima da hora, recusava-se a apresentar "Questão de ordem" com os Mutantes, no Festival da Canção de 1969:

> Eu estava morrendo de medo de cantar. Foi isso. Morria de medo de participar do concurso, de ser submetido a um exame. Tinha pânico de provas. E fazendo prova com uma série de questões polêmicas, complicadas. Tendo que ser aprovado e já submetido a uma desaprovação antecipada, bastante ampla. Muita gente já me condenando por fazer aquilo.[14]

Cada pancada que um militante levava nas ruas acirrava o ambiente entre aqueles que de alguma forma combatiam o regime militar. De forma análoga, cada canção ou atitude poderia bem soar como uma borrachada. Tomar a mais particular posição sobre algo relativo a quaisquer assuntos implicava tomar parte em uma posição mais geral, essencialmente política, ainda que esta posição se manifestasse através de uma criação artística. O então diretor da Record, Paulinho Machado de Carvalho, filho do fundador da Rádio Record, Paulo Machado de Carvalho, projetava o roteiro dos festivais ao estilo de um programa de luta livre, no qual cada artista representava um personagem: mocinhos, bandidos, o "pai da moça" etc. Essa arena de conflitos, alguns deles deliberadamente ensaiados, mantinha uma correspondência desproporcional com todo o estado de coisas que agitava as polêmicas nacionais, estéticas e políticas, quase de

---

[14] No filme *Uma noite em 67*, de 2010.

forma indiscriminada. Durante os preparativos para a realização do programa *Frente única — noite da música popular brasileira*, que iria ao ar na TV Record em 1967, talvez o primeiro grito tropicalista em âmbito televisivo, Geraldo Vandré se desentendeu com o grupo,[15] particularmente com Caetano Veloso, que além de flertar com o iê-iê-iê, ainda ironizava aqueles que queriam "salvar as glórias nacionais". Caetano questionava as boas intenções do nacionalismo defensivo, particularmente relacionado ao grupo que se pretendia herdeiro da bossa nova — a mesma bossa que ele destacava na "linha evolutiva" da música popular a partir de João Gilberto.[16] Prevendo a inserção na vida nacional como o futuro inevitável do tropicalismo, percebia o poder do pastiche, isto é, a reprodução para fins meramente ideológicos ou comerciais como a tendência inconsciente que definia as disputas no domínio da MPB. Porém, no que diz respeito à canção, mobilizadora de tensões que excediam o domínio do político, envolvendo desde crenças de cunho religioso até a defesa intransigente do "gosto médio vigente", a experimentação não era algo aconselhável. Caso a mensagem não negociasse cuidadosamente com o raio de aceitabilidade da escuta popular ou dos ditames pós-bossanovistas, era bem possível que o artista não se fizesse compreender.

No que diz respeito à música propriamente dita, os tropicalistas propunham experiências estéticas que revolviam o território com elementos até então estranhos na música brasileira: dissonâncias, gritos, poesia concreta, música eletrônica, música

---

[15] CALADO, Carlos. *Tropicália — A história de uma revolução musical*. São Paulo: Ed. 34, 2010, p. 110.

[16] CAMPOS, Augusto de. "Boa palavra sobre a música popular". In: *Balanço da Bossa e outras bossas*. São Paulo: Perspectiva, 1978, p. 63.

atonal, guitarra elétrica, orquestra, entre outros. Como Tom Zé, os demais tropicalistas foram formados e influenciados pelas experiências das vanguardas europeias, fartamente debatidas e tematizadas durante a Era Edgard Santos, reitor da Universidade Federal da Bahia entre os anos de 1946 e 1962. Tom Zé também participou, em 1964, da segunda montagem do espetáculo *Nós, por exemplo*, que tinha como objetivo apresentar um grupo de artistas jovens cuja pretensão era renovar a música brasileira. O primeiro havia sido dirigido por Caetano Veloso, Gilberto Gil e Roberto Santana. O segundo, dirigido apenas por Gil e Santana, contou com a participação de Tom Zé. Da Bahia para a babilônia dos festivais, os baianos foram aos poucos desbravando um território ainda inexplorado pelos artistas brasileiros. Com suas roupas, penteados e performances que reuniam música, dança, poesia, grito e fanfarra, foram responsáveis também pela problematização do comportamento conservador da classe média brasileira, assim como do voluntarismo político compartilhado por setores da esquerda. Durante dois meses, no final de 1968, esse cardápio rebelde e provocador era servido semanalmente, através de um programa na TV Tupi que gerou tensões entre os tropicalistas e conservadores à esquerda e à direita.[17] A partir de 1968, com o recrudescimento do regime militar e a publicação do AI-5, as provocações tropicalistas passaram a configurar um tipo de ameaça que podia ser medida através das reações de incompreensão e revolta do "público médio", que enviava cartas e telefonava à TV Tupi, exigindo a retirada do programa do ar. A ira do público conservador tornava-se, assim,

---

[17] O programa chamava-se *Divino, maravilhoso*, foi ao ar pela TV Tupi e durou de outubro a dezembro de 1968.

um problema para os militares,[18] agravando-se com o episódio da agressão a Caetano, Gil e aos Mutantes após a apresentação de "É proibido proibir" no Festival Internacional da Canção.[19] Com a transição dos anos de chumbo para a década de 1970, esse efeito liberador do tropicalismo pôde ser reavaliado pela classe média, ajustando-se paulatinamente a uma aparência menos ameaçadora e ao gosto médio dilatado que o próprio tropicalismo estimulou, o que possibilitou a inserção de parte do grupo tropicalista no quadro da MPB.

O grupo tropicalista eclodiu a partir de um processo de liberação, mas, para Tom Zé, sua gradual inserção na indústria e as concessões ao "gosto médio vigente" poderiam resultar na manutenção da tendência generalizante assinalada pelo complexo heroico.

Situado no amplo panorama do século XX, e considerando o franco processo de nivelamento cultural e político que enfrenta o homem contemporâneo diante do fracasso do capitalismo, Tom Zé reivindica a radicalidade do singular e da experimentação. Mas não se trata de uma ode burguesa ao indivíduo, nem a um individualismo caro às ideologias liberais. Em oposição à vida imposta pelo generais e pelo capital, sua obra se propõe a barrar a infiltração dos fascismos inauditos, os afetos zelosos do

---

[18] CALADO, Carlos. Op. cit., p. 18. "Com essa capacidade de pulverizar a realidade, esse modo de tratar fragmentariamente os costumes e os valores morais, vocês podem causar mais danos à estabilidade de nossa sociedade do que a esquerda. Essa é a verdadeira subversão."
[19] Idem, p.11.

"gosto médio vigente", assim como a negar acesso às pequenas acomodações, revolver o subsolo psíquico do homem moderno para desencavar aquilo que o mal-estar se encarregou de enterrar. Apesar do tom de escárnio, a detecção do "complexo de épico" parecia distinguir-se do tropicalismo ao reivindicar a radicalização da singularidade e da experimentação. Esses fatores abririam ainda mais as perspectivas culturais, tanto a do conservador aferrado como a do burguês intelectual. Recusando a tentação de se oferecer em sacrifício a uma "causa", que demanda mais esforços do que a atitude voluntária, o artista tem mais a ganhar apostando no exercício da suspeita contínua, suspeita que revolve as crenças, dogmas e certezas.

> O único lugar das coisas feitas com sangue (ou com esforço criativo) é na marginalidade. Quando elas alcançam consumo de massa é geralmente por certo tipo de engano ou folclore entre aspas, quer dizer, por modismos de classe média.[20]

A escala dos valores compartilhados em nível nacional comportava contradições que levariam largos setores da população a encarar a luta armada como algo ilegítimo, ainda que contrário a uma política capturada pela confusão despótica protagonizada pelas Forças Armadas. Neste ponto também ocorre uma dissociação evidente entre o discurso tropicalista e o que propunha Tom Zé. Se por um lado, Tom Zé compartilhava com os tropicalistas a visão de que a ditadura militar não era algo alienígena em relação à escala de valores e ações compartilhados pela classe média, o mesmo não se podia afirmar com relação à manutenção dos limites impostos ao gosto estético. Suas respectivas

---
[20] SOUZA, Tárik de. "Ui! Hein?". *Veja*, São Paulo, março de 1976.

visões acerca da relação com a "cultura de massas" — o que no círculo tropicalista era quase uma metáfora da cultura inglesa e norte-americana — também eram antagônicas. Os tropicalistas buscavam adequar o terreno fértil da arte de vanguarda ao contexto do mercado *pop*, as modulações possíveis da obra de arte à era do "produssumo".[21] Até mesmo o membro mais politizado do grupo tropicalista, Rogério Duarte, debatia o despontar da Era da Informação a partir de uma compreensão da cultura de massas como "espaço de socialização das artes".[22] É curioso observar que, já em "Parque industrial", Tom Zé sugere que esta inserção se daria sempre de forma limitada, na medida em que a negociação com o "gosto médio vigente" abriria espaço para a complacência não só estética, mas também política. Neste mesmo Brasil, ainda preso às ressonâncias de um colapso ocasionado pelo AI-5, as questões políticas se misturavam às questões estéticas de tal forma que seria impossível dissociá-las do debate. Os valores que sustentavam uma situação política instável e aberta aos desmandos e à brutalidade de um governo ditatorial partilhavam o mesmo sentido inquebrantável das prerrogativas estéticas que determinavam "o gosto médio vigente" com rigor e, eventualmente, violência. Mesmo a guinada tropicalista nutria um grau de respeitabilidade pelo afixamento inegociável de elementos pertencentes ao que ele chama de

---

[21] RISÉRIO, Antônio. "Um pouco de Décio Pignatari". *A Tarde*. Salvador, 8 de dezembro de 2012. "O caso de 'produssumo' é outro. Décio distinguia entre uma arte de ponta, experimental, de 'produção'. E uma arte de massa, de 'consumo'. Observava então que, na zoeira das décadas de 1960-70, barreiras tinham caído. No caso da música popular, por exemplo, com experimentações de Beatles, Frank Zappa, Hendrix, Caetano e o tropicalismo brasileiro. Nesse caso, para além dos polos da 'produção' e do 'consumo', teríamos entrado na 'era do produssumo'."
[22] CALADO, Carlos. Op. cit., p. 93.

corpo-cancional brasileiro, aquele mesmo contra o qual Tom Zé irá se postar com sua "poesia interjetiva", sua cruzada pela "desmusicalização" dos instrumentos e seus *ostinatos*.[23] "Era o que eu precisava fazer: fugir desse corpo-cancional e tentar uma cantiga feita de outra matéria, de outra substância."[24]

Para se ter uma ideia do que significava "*establishment* estético" basta observar os anos heroicos do tropicalismo. Lá veremos Flavio Cavalcanti declarar que não havia nada a ser pensado ou comunicado na letra de "Parque industrial";[25] ou ainda, Edu Lobo, contrariado pela decisão do júri, que lhe atribuíra o segundo lugar no IV Festival de Música Popular Brasileira de 1968, o mesmo em que Tom Zé arrematara o prêmio da Record com "São São Paulo, meu amor". As primeiras reuniões que resultariam no tropicalismo já demonstravam um grau de conflito bastante acentuado, devido à presença de artistas que se opunham ao movimento, como Dori Caymmi, Sidney Miller, Chico Buarque, entre outros.[26] Alguns anos depois, outras inflexões do "gosto médio vigente" se postariam contra as inovações de *Estudando o samba*, dessa vez a partir dos críticos. No calor da hora, um dos poucos a se debruçarem sobre o álbum com um veredito positivo, Tárik de Souza ainda assim assinalou a irregularidade e o "exagero" da poética de Tom Zé.[27] Sérgio Cabral foi mais enfático, intitulando seu artigo com uma ironia: "E se

---

[23] "Em música, um *ostinato* é um motivo ou frase musical que é persistentemente repetido numa mesma altura. A ideia repetida pode ser um padrão rítmico, parte de uma melodia ou uma melodia completa." KAMIEN, Roger. *Music: An Appreciation*. McGraw-Hill Home, 2003, p. 611.
[24] ZÉ, Tom. Op. cit., p. 24:
[25] Idem, p. 27.
[26] CALADO, Carlos. Op. cit., p. 98.
[27] Tárik de Souza, referindo-se aos versos finais (em "a e i o u") de "Menina amanhã de manhã". *Veja*, 10 de março de 1976.

estudasse mais?"[28] Para além da roupagem sonora e do tipo de composição de *Estudando o samba*, havia um descompasso entre o *establishment* artístico, em relação constante com o "gosto médio vigente", e a música de Tom Zé. Síntese de rock, música brasileira e vanguarda erudita para além do "corpo-cancional", *Estudando o samba* não se identificava com a música brasileira da época, mas com os ostinatos e os ritmos desconjuntados do rock experimental, particularmente ligados à new wave e, mais tarde, à no wave, a partir das quais surgiram o DNA de Arto Lindsay, o punk dos Ramones e os Talking Heads de David Byrne.[29]

O compositor heroico, complexado pela necessidade de atender às demandas de seu público, mas também pelo peso da má consciência política, era desafiado por um outro regime arbitrário, desta vez imposto pelo técnico de som:

> Tinha um show em que eu dizia que todo estúdio era um representante do *establishment* — não só em referência ao gosto

---

[28] "Um disco de pesquisa só é bem-sucedido quando apresenta pelo menos uma obra-prima. E não é caso de *Estudando o samba*, infelizmente." CABRAL, Sérgio. "E se estudasse mais?" *O Globo*, Rio de Janeiro, 25 de fevereiro de 1976.

[29] No wave foi um movimento cultural ocorrido em Nova York durante o final da década de 1970. As atuações do grupo envolviam produção musical, filme super 8, performance, videoarte e arte contemporânea, e ocorriam no centro da cidade, "um deserto com aluguel e drogas baratas". O termo no wave é um jogo de palavras irônico com o rótulo comercial new wave. Não se resumia a algum gênero musical, baseando-se em estilos como o funk, jazz, blues, avant-garde, etc. James Chance and the Contortions, Teenage Jesus and the Jerks, Mars, DNA e Suicide estão entre alguns de seus artistas principais.

musical, mas em referência a todo o procedimento estético — que se tornava até uma espécie de censor do gosto vigente, do gosto médio vigente...[30]

Qualquer som estranho era tolhido pelo gosto do técnico de som, fosse porque ele próprio não entendia determinada sonoridade enquanto "música", fosse porque o técnico imaginava pôr em risco seu emprego aceitando as prescrições do autor. Tom Zé cita a gravação de "Brigitte Bardot", que jamais foi realizada da forma concebida pelo autor. No momento do "suicídio" da atriz francesa, o volume subiria de sessenta por cento para os cem por cento de uma hora para outra, procedimento interditado pelo técnico de som Rogério Gauss. A validade desta observação perdura até os dias de hoje, como se pode conferir no já citado documentário de Carla Gallo, quando Tom Zé ironiza o "masterizador", que quer transformar furadeira em violino.[31] No mesmo documentário, Tom Zé afirma: "Todo aparelho é um censor técnico do sistema." Um outro exemplo foi o extenso boletim escrito pelo técnico de som responsável por *Tropicália lixo lógico*, que enumerou um a um os cortes abruptos e ruídos que fazem parte do trabalho.[32]

---

[30] Entrevista Tom Zé.
[31] No filme *Tom Zé ou Quem está botando dinamite na cabeça do século* (Direção: Carla Gallo, Brasil, 2000).
[32] Tom Zé divulgou a lista com os "erros" encontrados pelo técnico de som em seu blog e em sua página no Facebook: "Pessoal, o disco *Tropicália lixo lógico* tem invenção, para não só interessar mas manter interessado quem ouve. Pessoas acreditadas e maravilhosas falaram muito bem. Já o técnico, durante a fabricação, teve muitas dúvidas e fez uma lista do que ele achou que eram problemas e 'defeitos'. Conservo cuidadosamente a lista que ele mandou, vejam só. Um jornalista amigo disse que isso é poesia pura. Além de ser uma preciosidade de humor." Ver https://www.facebook.com/tomze/posts/10150962427862066.

O conflito entre Tom Zé e a cultura do "lado doutor"[33] surgiu em decorrência do tipo de leitura que a esquerda fazia a respeito do contexto político. Em tempos de ostracismo, a dupla Tom Zé e Vicente Barreto costumava receber convites da numerosa classe universitária paulistana para realizar concertos nos centros acadêmicos. Neste período, a convivência de Tom Zé com os universitários da esquerda era de certo modo conflituosa, na medida em que ele não concordava com a maneira com que pretendiam combater a ditadura.[34] Reputava os métodos objetivos como inautênticos e ineficazes. Abominava a canção de protesto como algo próximo ao "método jesuítico", acrescido por uma atitude que o pedagogo Paulo Freire chamava "hospedar o opressor".[35] Para ele, o que venceria a ditadura não seria o

---

[33] "O lado doutor. Fatalidade do primeiro branco aportado e dominando politicamente as selvas selvagens. O bacharel. Não podemos deixar de ser doutos. Doutores. País de dores anônimas, de doutores anônimos. O Império foi assim. Eruditamos tudo. Esquecemos o gavião de penacho." ANDRADE, Oswald de. "Manifesto da poesia Pau Brasil". In: *Oswald de Andrade (Obras Completas): A utopia antropofágica*. São Paulo: Globo, 2011, p. 60.

[34] Mediocrizar a forma artística para transmitir mensagens políticas era algo que os tropicalistas sempre recusaram, como se pode confirmar pelas discussões entre Caetano Veloso e Augusto Boal durante a montagem de "Arena Canta Bahia" (Cf. CALADO, p. 71). Vale citar também a entrevista com Tom Zé para este livro: "E a convivência com a classe universitária, que eram os meus patrões, tinha uma parte um pouco difícil porque eu não concordava com o jeito que — naquele tempo o inimigo comum era a ditadura — eu não concordava com a maneira que a classe universitária queria combater a ditadura. Então, por exemplo, *Todos os olhos* se refere a isso..."

[35] ZÉ, Tom. Op. cit., p. 48.

heroísmo intrépido e voluntarista, ou o combate a uma classe determinada, mas o "aparentemente fraco", isto é, uma mudança lenta e gradual da mentalidade e da tolerância.[36] A mudança do regime deveria ser acompanhada por uma mudança na escala dos valores e costumes, que não se resumiria à manutenção da política institucional, à supressão da luta de classes ou à moralização dos governos.

Um outro aspecto desta mesma crítica à universidade se faz no contexto de um comentário ao decantado, conhecido e ainda vigente distanciamento do *establishment* acadêmico com relação às questões centrais do Brasil. Quando oferece esta reflexão através de "Complexo de épico", Tom Zé tem em mente a crítica à universidade explanada por Décio Pignatari em seu livro *Contracomunicação*, para quem, já na década de 1970, "a continuar as coisas como estão, o estudante de comunicações irá diplomar-se em comunicação e tornar-se um especialista em incomunicabilidade".[37] A identificação do aluno com "a rua" indica o tipo de distanciamento característico que os intelectuais mantêm em relação à maneira veloz e atual com que ocorrem os

---

[36] Entrevista Tom Zé: "O heroísmo, a luta com a força... Em *Todos os olhos*, por exemplo, eu mostro que eu achava que a força... que não era a força que ia vencer a ditadura, que o que ia vencer era justamente o aparentemente fraco, né."

[37] PIGNATARI, Décio. *Contracomunicação*. São Paulo: Perspectiva, 1973, p. 42. No entanto, essa mesma crítica é entoada por cantores sertanejos já no primeiro disco de Tom Zé, *A grande liquidação*, na canção "A burrice está na mesa": "Veja que beleza / Em diversas cores / Veja que beleza / Em vários sabores / A burrice está na mesa / Ensinada nas escolas / Universidade e principalmente / Nas academias de louros e letras / Ela está presente / E já foi com muita honra / Doutorada honoris causa / Não tem preconceito ou ideologia / Anda na esquerda, anda na direita / Não tem hora, não / Escolhe causa / E nada rejeita"

fenômenos na modernidade, turvados pela selva dos conceitos e da linguagem escrita, negando-se ao conhecimento de outras perspectivas culturais e saberes nos quais estão imersos, por exemplo, seus alunos. Tom Zé, então, acrescenta o seguinte pensamento ao "complexo de épico": ou o professor aprende com o aluno, quer dizer, com a rua, ou não vai sobreviver.

> E por que então esta vontade
> de parecer herói
> ou professor universitário
> (aquela tal classe
> que, ou passa a aprender com os alunos
> — quer dizer, com a rua —
> ou não vai sobreviver)?
> (COMPLEXO DE ÉPICO)

Um outro elemento, ainda que lateral em relação à denúncia do "complexo de épico", mas que de certa forma também se mistura ao "enigma Tom Zé", diz respeito a seu temperamento cáustico e explosivo, o mesmo manifestado em "Complexo de épico", em meio à cordialidade estratégica comum ao ambiente cultural brasileiro.[38] Às vezes porque a franqueza de

---

[38] "Tom Zé é o mais cáustico dos baianos. O mais agressivo, o crítico e o mais direto da turma. Suas músicas são todas satíricas, caricaturais. É uma espécie de Juca Chaves mais consequente. Sua matéria-prima é a sociedade, tal qual encontrou, vindo de uma cidadezinha como Irará, no interior da Bahia, filho de 'seu' Everton." OLIVEIRA, Adonis. "Um depoimento". In: PIMENTA, Heyk (org.). *Tom Zé*. Rio de Janeiro: Azougue Editorial, 2011, p. 14.

suas declarações destoavam do ambiente cordial que marcou a MPB imediatamente após a era dos festivais ("As regras do jogo são simples. Enunciar algumas delas, como eu faço, é que é uma grossura").[39] Em outros momentos, quando aquilo que desejava realizar em termos estéticos era ameaçado pelo vaivém das obrigações institucionais, dos conflitos pessoais e concessões estratégicas. Na contracapa de seu disco de 1970, Tom Zé agradece aos alunos da escola de música que fundou em São Paulo (a "Sofisti-Balacobaco — Muito som e pouco papo", que durou dois anos) e a Augusto de Campos, mas termina com a seguinte observação: "Aproveito a ocasião para informar que a Prefeitura de São Paulo não me pagou até agora o prêmio do 1º lugar ("São São Paulo, meu amor") do Festival da Record de 1968 e até começou a dizer que não assumiu esta obrigação." É possível que, vinculada à verve irônica, a sinceridade tenha criado alguns obstáculos para sua carreira nos anos 1970, afastando-o não só do núcleo tropicalista, como também da indústria fonográfica.

Um caso que envolve a gravação de *Estudando o samba* ocorreu com o amigo e produtor João Araújo. Araújo foi produtor do primeiro disco de Tom Zé, *A grande liquidação*, pelo selo Pernambucano Mocambo-Rozenblit, e do segundo, de 1970, lançado pela RGE — cujo maior sucesso foi a canção "Jeitinho dela". Encerradas as atividades na Mocambo, Araújo partiu para trabalhar com a Som Livre, tendo como braço direito o então compositor e produtor Mariozinho Rocha. Araújo então oferece a Tom Zé uma vaga no casting da Som Livre, o que significava para Tom Zé gravar no maior selo nacional disponível na época.

---

[39] Idem, p. 17.

Tom Zé aceita, mas ao tomar conhecimento de que Mariozinho Rocha produziria o disco, reagiu com decepção, esperando reencontrar Araújo, seu primeiro produtor e amigo pessoal. Desde então, Rocha se tornou uma espécie de inimizade, o que provavelmente impediu Tom Zé de fechar o contrato com a Som Livre e de prosseguir com sua carreira sob outras condições. Nessa época, como a pesquisa com instrumentos experimentais já estava adiantada, Tom Zé imaginou que teria assustado os diretores do selo. O caso pode ser considerado um dos motivos pelos quais Tom Zé praticamente desapareceu das rádios e da TV. O próprio Tom Zé reconhece que talvez tenha se excedido em algum momento ou outro.[40] E se mostra de certa forma resignado em relação a esta questão:

> No Oriente se diz que quando um amigo seu quer se afogar, você não pode tentar salvá-lo, caso contrário morrem os dois. Isso é algo importantíssimo, e os meninos sabiam disso por intuição. Era interessante se livrar de um complicador como eu, como Caetano disse agora no documentário feito sobre mim. Mas eu não tenho queixa de Gil nem de Caetano. Queixa de quê, meu Deus?[41]

---

[40] Em entrevista para o programa de televisão *Roda viva*, em 1992, assim como em entrevista a Isabela Laranjeira, em 1990, Tom Zé admite que cometeu "erros estratégicos", referindo-se tanto às tendências estéticas de seu trabalho, quanto a seu temperamento. LARANJEIRA, Isabela. "O interesse do David Byrne pode desencadear uma demanda do meu trabalho." In: PIMENTA, Heyk (org.). Op. cit., p. 61.

[41] Em entrevista ao jornalista Guilherme Werneck, Estadão Blogs, 11 de outubro de 2006: http://blogs.estadao.com.br/guilherme-werneck/o-se-tentao-tom-ze/

Em 1972, Tom Zé ainda toca nas rádios com *Se o caso é chorar*, mas já em 1973 se inicia o seu banimento da música brasileira. Quando desempenhou o papel de mordomo na peça *Rocky Horror Show*, em 1975, poucos o conheciam, embora em 1974 sua canção "Botaram tanta fumaça" tenha participado da trilha sonora da novela *O espigão*.

Caetano Veloso e Gilberto Gil retornam ao Brasil em 1972, mantendo-se no topo do cenário musical, cultivando o status de artistas populares e já adaptados ao núcleo que viria a batizar toda música brasileira, através de uma sigla: MPB. Logo após lançarem dois álbuns importantes em suas carreiras, *Transa* e *Expresso 2222*, encontravam-se em posição de representar o que havia de mais moderno e arrojado na música do país. Caetano deu início a um projeto inspirado por Walter Smetak, *Araçá azul*, disco radical em suas propostas que seria igualmente rechaçado pelo "gosto médio vigente", ainda que sem maiores consequências. O ambiente intelectual e cultural brasileiro mal comportava as propostas dos tropicalistas, que se situavam estritamente no âmbito da canção. Quando Caetano lançou *Araçá azul*, os discos foram devolvidos devido ao alto teor de experimentação, mas havia uma ampla cobertura da imprensa. No final de 1972, Big Boy destaca a empreitada em Top Jovem, sua coluna no jornal *O Globo*, cobrindo as gravações do disco mais radical da carreira de Caetano.[42] Contudo, a recepção dos discos baianos diverge radicalmente em relação à atenção que

---

[42] BOY, Big. "Coluna Top Jovem", *O Globo*, Rio de Janeiro, 22 de novembro de 1972.

recebe Tom Zé. De acordo com o número de ocorrências na imprensa durante o ano de 1972 até o lançamento de *Estudando o samba*, em 1976, não seria exagero afirmar que Tom Zé não era considerado como parte da música brasileira, mas sim um corpo estranho que suscitava reações de perplexidade e indiferença — mesmo em comparação com outros chamados "malditos", como Jards Macalé, Jorge Mautner e Luiz Melodia. Com o lançamento do álbum *Todos os olhos*, Tom Zé foi como que separado do conjunto de artistas que integravam a chamada música popular brasileira. Já não seria um artista descartável, tal como a Jovem Guarda e Os Mutantes eram concebidos por setores da esquerda. A radicalidade das propostas estéticas, somada à postura inegociável face a todo o espectro de conflitos e acomodações que caracterizariam a consolidação da chamada MPB, rendeu a Tom Zé uma posição mais do que incômoda. Outros artistas eram classificados como "malditos", mas ele foi simplesmente interditado. Em meio a um contexto político marcado pelos abusos da ditadura militar, o tom jocoso com que "Complexo de épico" profanava o relicário da cultura popular desafiava ideários e ideologias à esquerda e à direita. Minha hipótese é: ninguém perdoou "Complexo de épico", a sofisticação árida da canção e a virulência da denúncia, uma piada endereçada de Pixinguinha a Caetano Veloso.

> De vez em quando
> todos os olhos se voltam pra mim,
> de lá de dentro da escuridão,
> esperando e querendo
> que eu seja um herói.
> (TODOS OS OLHOS)

No samba que batiza o álbum *Todos os olhos*, Tom Zé parece estar ciente da necessidade de elaborar um "programa" de trabalho para além das necessidades do "nacionalismo ingênuo" e da emancipação relativa do pós-tropicalismo, o que resultará em uma posição complicada. Ainda em 1972, é possível escutar nas rádios "Senhor Cidadão", faixa que encerra o lado A do álbum *Se o caso é chorar*. Com *Todos os olhos*, porém, as execuções cessam. Gravado pelo Grupo Capote, com participação de Heraldo do Monte e capa de Décio Pignatari, o álbum marca o início de seu ostracismo, e, ao mesmo tempo, é considerado um marco em sua obra. Manifesta-se no álbum uma disposição inédita na música brasileira para jogar, no mesmo balaio, com o nonsense radical, a ironia comezinha dos armazéns e botequins, um artesanato poético simultaneamente vão e sofisticado, emprego do *ostinato* ("Todos os olhos"), deslocamentos interpretativos (uma versão zen-agreste de "A noite do meu bem", de Dolores Duran), diálogos sonoros com a poesia concreta ("Cademar", parceria de Tom Zé com Haroldo de Campos), entre outras ousadias.

É, contudo, justamente com esse álbum repleto de insights, que Tom Zé é interditado. Nem seu nome será citado, nem será convidado a integrar as fotos, eventos, celebrações, castings e anúncios. A começar pela capa, um ânus fotografado em primeiro plano, emoldurando uma bolinha de gude, tudo no álbum transpira um desequilíbrio intenso e, ao mesmo tempo, programático.

> Essas músicas fizeram sucesso, mas, em 1973, o disco *Todos os olhos* me tirou completamente de circulação. Eu pensava que aquele disco iria me botar em circulação, porque era um

disco foguento, cheio de malandragem e até com coisas que hoje fazem sucesso, como "Augusta, Angélica e Consolação". Mas a coisa já era um pouco conceitual, no que eu iria trabalhar assim, daí por diante. E a ideia de ser um pouco experimental, um pouco brincalhão. Essas coisas assustaram e o disco sumiu, e me tirou de circulação.[43]

---

[43] Programa *O som do vinil*.

2. Procuratividade

Porque a cobra
já começou
a comer a si mesma pela cauda,
sendo ao mesmo tempo
a fome e a comida.

(COMPLEXO DE ÉPICO)

A denúncia do "complexo de épico" se apresentava como uma cifra complexa, cuja interpretação não se oferecia de forma imediata. Sua detecção extrapolava o campo comum de problemas ligados à cultura e à política brasileira, eliminando a supervalorização dos combates entre estamentos políticos e estéticos e aproximando-os da pluralidade da vida cotidiana. Mas também buscava criar uma percepção própria dos elementos que foram apartados tanto das críticas à esquerda e à direita, como também da renovação das vanguardas. Nesta época, o autor se dispunha a "matutar tanta invencionice para abrir um buraco no mundo",[44] buscando servir de "bode inspiratório". Enquanto os tropicalistas buscavam amoldar-se às estruturas de reprodução da cultura de massas, como um movimento de atualização da

---

[44] ZÉ, Tom. Op. cit., p. 45.

produção cultural brasileira, Tom Zé considerava que este movimento poderia resultar em acomodação. O diálogo de Tom Zé com o corpo-cancional é limitado pela suspeita de seus clichês e procedimentos, parte deles garantindo um certo nível de diálogo, ainda que insuficiente, com a cultura de massas. Essa posição incômoda em que se encontra Tom Zé, desenvolvida em oposição à suposta ausência de talento para o corpo-cancional, se insinua bem antes do fenômeno tropicalista.

Para além da crítica puramente teórica, Tom Zé incorporava a carga crítica na forma estética através da pesquisa de procedimentos singulares. Propunha não só um novo aporte cancioneiro, como também destronava a harmonia e a melodia da composição, "desmusicalizando" os instrumentos tradicionais e criando outros instrumentos. Sob o aspecto dos procedimentos e da forma de compor, suas experiências compactuavam até a página dois com a dos tropicalistas, pois pretendiam radicalizar as pesquisas e a mestiçagem entre elementos de diversas faixas e culturas sonoras. Sob o ponto de vista cultural, buscava promover o exercício da desrepressão absoluta como forma de modificar a mentalidade instituída. Teriam os compositores, técnicos, instrumentistas, críticos de música e jornalistas compreendido naquele momento o alcance e o significado da denúncia que Tom Zé encaminhara em "Complexo de épico"? Entre aqueles que escutaram *Todos os olhos* com a devida atenção, teriam se sentido ofendidos pela ironia cáustica do trabalho? Teriam compreendido o teor de invenção e pesquisa capaz de situá-lo no mesmo patamar de discos inovadores como *Transa, Milagre dos peixes, Novos Baianos Futebol Clube*, entre outros?

Desde que fracassou na tentativa de criar uma canção bonita para a namorada, Tom Zé se autodeclara "um compositor de defeitos", um "falhador".[45] Ao exercício egoico da chamada "criatividade", Tom Zé opõe uma tendência marginal, a "procuratividade", uma maneira poética de se referir à experimentação continuada, refratária a quaisquer intervenções externas, sobretudo as corporativas. É notoriamente sabido que durante o Festival de 1968, ao inscrever e receber o prêmio principal por "São São Paulo, meu amor", Tom Zé dá início a um processo que culminaria com a gravação e interdição de *Estudando o samba*. Já em sua primeira apresentação, no início da década de 1960, no programa de TV *Escada para o sucesso*, apresentou a performance *Rampa para o fracasso* durante cerca de seis minutos, completamente improvisada a partir de recortes de jornal, que havia lhe rendido a conquista do prêmio de melhor canção.[46] Junto à detecção do "complexo de épico", propunha uma outra abordagem em termos de composição popular, que escapasse dos ditames rigorosos do corpo-cancional da música brasileira. Através de experimentos cancionais situados entre a cantiga e a "descanção", propôs "um misto de intimidade e estranheza"[47] que não foi devidamente assimilado pelo ambiente cultural brasileiro. "Eu tive imediatamente depois a *débâcle*, quatro anos depois. O festival foi em 1968. De 1969 a 1972 eu fui sucesso. Em 73, com o disco *Todos os olhos*, eu desapareci."[48]

Uma ampla teia de relações políticas, econômicas, estéticas conferem forma e conteúdo ao panteão da cultura nacional, particularmente associada à produção musical e objeto de

---

[45] Idem, p. 236.
[46] Cf. nota 5.
[47] Idem, Ibidem.
[48] Programa *O som do vinil*.

polêmicas intermináveis.[49] No que diz respeito aos aspectos formais característicos, a canção brasileira muitas vezes é representada como uma instância apartada do restante, detentora de um alcance dificilmente compartilhado pelo cinema ou pelas artes plásticas. Polêmicas à parte, Tom Zé manifesta uma aguda consciência do corpo-cancional brasileiro, mas, por deficiência confessa, o faz de um ponto de vista crítico. Em *Tropicalista lenta luta*, o autor admite a "falta de talento" para a música e, particularmente, para a canção. O paradoxo se evidencia conforme percebe-se que, mesmo operando com elementos das vanguardas eruditas do século XX (inclusão do ruído e do acaso, pesquisa pela instrumentação, pela estratégia de composição e arranjo), seu trabalho foi proeminentemente calcado sobre canções. Que elementos restariam disponíveis para um jovem e esforçado estudante de música, consciente de seu pouco talento em dar prosseguimento à tarefa dos grandes nomes da MPB, mais interessado em se afastar do corpo-cancional e reaproximar-se da cantiga? Assim como seus companheiros de movimento tropicalista, sua obra flutua magneticamente sobre este imenso movimento chamado Brasil, entre o arcaico, o moderno e o "além-do-moderno", entre Irará e São Paulo, comunidade e individualidade. Sua declaração de "incompetência como compositor", que justifica toda uma pesquisa pelos

---

[49] Sem entrar nos meandros de cada um desses debates, podemos elencar os que foram travados na segunda metade do século XX: a polêmica Roberto Schwarz versus Caetano Veloso, Ferreira Gullar versus concretistas, Tinhorão versus bossa nova, e, mais recentemente, o presságio tenebroso proferido por Chico Buarque em uma entrevista acerca do "fim da canção", nos quais se confrontaram, novamente, nacionalistas/tradicionalistas e "antropofágicos".

próprios limites e potencialidades,[50] já se insinuava nos Seminários Livres de Música que frequentou na Escola de Música da Universidade da Bahia entre os anos de 1962 e 1967, quando suas experiências buscavam "modificar as coisas instituídas", tanto no plano estético, quanto no plano do comportamento. Ele declara a necessidade de "limpar o campo" da canção popular, incorporar o "descantor",[51] propondo um trânsito alienígena entre a espontaneidade eficaz da cantiga e o artifício cerebral da "descanção", para contrabalançar as dificuldades técnicas e vocacionais. "Plasmar a cantiga com outra matéria", escreve Tom Zé no mesmo texto, e completa: "Fugir desse corpo-cancional e tentar uma cantiga feita de outra matéria, de outra substância."[52] Arthur Nestrovski nota que, diferentemente dos compositores que buscam a harmonia a partir da melodia, ou criam uma sequência harmônica sobre a qual desenvolverão a melodia, Tom Zé se utiliza do "contraponto" como "forma de pensar a composição", reunindo pequenos fragmentos que vão sendo combinados e sobrepostos.[53] Seu processo criativo é análogo a uma linha de montagem, orientada a catalisar um punhado de pequenas ideias em (des)canções.

Para escapar das dificuldades técnicas, Tom Zé sintetizou a eficácia da cantiga e a variedade de procedimentos de desconstrução e abertura sonora das vanguardas eruditas. Sua música não despreza o corpo-cancional — a linhagem tradicional da canção brasileira —, mas lança uma suspeita sobre a

---

[50] Entrevista Tom Zé.

[51] ZÉ, Tom. Op. cit., p. 22.

[52] Idem, p. 24.

[53] Entrevista a Luiz Tatit e Arthur Nestrovski. In: *Tropicalista lenta luta*, p. 237.

consolidação de certos procedimentos e clichês, como sendo portadores de uma predisposição para fornecer aquilo que o público já conhece. Em *Todos os olhos* e *Estudando o samba*, a canção lapidar, perfeita, dispositivo tradicional da cultura nacional, é substituída pela "descanção", a canção desmontada, reinterpretada em sua forma e função, desconstruída por efeito da efetivação de procedimentos singulares de composição e performance, rearticulada a um ecossistema polissêmico que, embora conectado à urbanidade ocidental, cria para si mesmo um regime de desidentificação radical. Neste processo, as canções de Tom Zé foram aos poucos assimilando outros corpos-cancionais que vicejavam em paralelo ao corpo-oficial, muitos dos quais extraídos de experiências de sua infância, quando entrou em contato com violeiros, repentistas e cantos de trabalho.

Logo em seu primeiro compacto, lançado em 1965, Tom Zé apresenta duas canções evidentemente resultantes de uma sensibilidade musical formada para além das muitas modulações do samba carioca (inclusive a bossa nova) ou da Jovem Guarda. No lado A, "São Benedito", cuja forma, rica de modulações, assemelhava-se a uma combinação de cantiga de roda, composição de vanguarda e cordel, comunicando uma história para os transeuntes.[54] No lado B, Tom Zé contava com riqueza de sugestões, as peripécias de "Maria do Colégio da Bahia", introduzindo um tipo de humor popular, sacana, eventualmente jocoso, com o qual o tropicalismo se recusaria a lidar. "Namorinho de portão" manifesta a clara influência da Jovem Guarda, mas também pode ser considerada sob o ponto de vista da síntese de cordel e cantiga com o qual Tom Zé vai trabalhar dali

---

[54] "É um dia, é um dado, é um dedo", verso recorrente nos cordéis nordestinos.

por diante. "Parque industrial" e "2001", ambas editadas em 1968, expunham as primeiras sínteses estranhas que também caracterizarão seu trabalho posterior, assim como o funk "Escolinha de robôs" e o rock "Jimmy renda-se", editados em 1970. Uma faixa que chama a atenção é a interpretação ousada de "Irene" (Caetano Veloso), editada em compacto em 1971 com arranjo de Rogerio Duprat. Em ritmo de rock'n'roll rasgado, harmonia reescrita, texturas com ruídos de guitarras, modulações de clima, ultrapassa em ousadia a versão irônica de "Carolina", gravada com propósitos semelhantes por Caetano em 1969. Mas é preciso sublinhar também o fato de que canções como "Senhor cidadão", "Pecadinho (Frevo)", "Jeitinho dela", "A briga do Edifício Itália com o Hilton Hotel", entre outras, se aproximam harmônica e melodicamente do que gravarão mais tarde Amado Batista, Reginaldo Rossi, Odair José e outros autores ligados à chamada "música brega". Algumas baladas emotivas também poderão ser comparadas às produções de um outro indivíduo alijado do núcleo da MPB, Raul Seixas, sobretudo em "Passageiro" de 1970. De modo que em seus primeiros anos de vida artística, Tom Zé não só insinua uma linha de fuga do corpo-cancional, servindo-se de outras perspectivas cancionais — o rock básico, o cordel, o trovador de praça, o brega, que nascerá do espólio da Jovem Guarda, a experimentação de vanguarda —, como também já esboçará algumas das sínteses que o levariam a elaborar a dicção alienígena dos discos de 1973 e 1976. Este movimento de fragmentação da canção, de adoção de múltiplas perspectivas para a composição, implicou identificar-se com eras, culturas, povos e raças, possibilitando um panorama crítico não só em relação a seu futuro objeto de "estudo", o samba, mas ao que se poderia chamar a esta altura de "cultura brasileira".

Tom Zé não escolheu deliberadamente produzir "estudos". Segundo o próprio autor, a escolha do "estudo" se deu por um estranho exercício de modéstia.[55] Por este motivo ele canta "Tô estudando para saber ignorar": Tom Zé incorpora o ignorante de "todos os lados", que "não sabe nada" e "é inocente" (como canta em "Todos os olhos"). O termo "ignorância" é usado estrategicamente, servindo simultaneamente de contraponto às certezas cristalizadas e indicando uma forma própria de dar luz às ideias. Com sua assumida ignorância e aquilo que ele mesmo chama de "falta de talento para a música", Tom Zé teve que revirar outras formas de expressão, acostumando-se ao exercício de pesquisa e constante experimentação. *Estudando o samba* é o produto mais bem-acabado dessa trajetória, o que melhor expõe o vândalo dadaísta, criador de progressões poéticas por vogais, piadas e jogos de linguagem. Tom Zé do acaso e do esculacho, das performances inimagináveis, da destruição de qualquer complacência com as formalidades do espetáculo, da abertura para o repente dentro e fora do estúdio. Tom Zé, o proscrito, transformando em chanchada os personagens e dilemas da filosofia contemporânea. Tom Zé, um anticartesiano

---

[55] Entrevista Tom Zé: "A noção de estudo lá na escola de música era uma noção diferente daquela com que a palavra seria tomada no mundo da música popular. Se eu fosse lançar alguns estudos no mundo de música erudita era muito pretensioso, mas no mundo de música popular que a gente vivia era menos pretensioso até do que *Entortando o samba* — eu pensei muito em *Entortando o samba*. Mas achei que ficava muito pretensioso. Por isso que eu adotei a palavra 'estudo'. Outra coisa: eu não *escolhi* fazer estudos, eu me apanhei surpreso de estar fazendo uma coisa a que eu precisava dar um nome e dei o nome de estudos."

egresso de um conto de ficção científica, devorador das vanguardas dos séculos XIX, XX e XXI. Tom Zé do armazém de seu pai, assistindo bem diante dos olhos aos personagens descritos por Euclides da Cunha no capítulo "O homem" de *Os Sertões*, reconhecendo-se nessa imagem verídica do "homem" sertanejo.

O programa de superação do "complexo de épico" começava a despontar como um percurso completo, que integrava a tendência crítica negativa à sua necessária contrapartida positiva. Os "estudos" constituem, assim, a contrapartida irônica do "complexo de épico". Assumir uma ignorância clarividente, mas uma ignorância inclusiva, capaz de se deslocar em relação a categorias petrificadas nas sociedades modernas (por exemplo, "formação", "educação", "mercado", "cultura" e "política"). Para ele, a maior contribuição de um de seus autores prediletos, o filósofo e escritor alemão Max Bense,[56] foi a de "identificar valores que não são emoções", que de certa forma afastassem o autor de ações ineficazes do ponto de vista da criação artística. Uma análise sobre os "estudos" nos mostra que eles diferem entre si, na medida em que respondem a condições e contextos diferentes, mas compartilham certas características comuns. De seu reaparecimento triunfal até *Tropicália lixo lógico*, a música de Tom Zé vem se constituindo a partir de exercícios estético-

---

[56] Por ocasião de sua passagem pelo Brasil, Max Bense entrou em contato com artistas e intelectuais brasileiros cientes de que o país tinha a necessidade de promover um salto complexo entre a condição subdesenvolvida, dependente economicamente, e a possibilidade de criar uma outra inteligência, oposta à "inteligência cartesiana" europeia. Resulta desse encontro o livro *Inteligência brasileira — Uma reflexão cartesiana*, onde o autor expõe de forma metódica e racional os principais elementos do pensamento e da cultura no Brasil. São Paulo: Cosac Naify, 2009.

-teóricos a respeito da mulher (*Estudando o pagode*, 2005), do "defeito de fabricação" da mentalidade terceiro-mundista (*Com defeito de fabricação*, 1998), do efeito liberador da bossa nova na cultura brasileira (*Estudando a bossa*, 2008), além de um trabalho instrumental-onomatopaico sobre a "pós-canção", batizado como *Danç-êh-sá*, 2006. É bem verdade que em relação a *The Hips of Tradition*, não se sabe bem ao certo se há um centro gravitacional, mas creio tratar-se de uma avaliação implacável dos fluxos e refluxos da Terceira Revolução Industrial, do ponto de vista de um brasileiro. Os "estudos" de Tom Zé possuem certas características formais que nos permitem estendê-los a outros trabalhos do autor. Os estudos são compostos, de um lado, por uma teorização de caráter múltiplo acerca da formação de aspectos da cultura brasileira e mundial, e por um conjunto de canções que, ao contrário de explicar a tese, joga ainda mais lenha no fogo do paradoxo e da provocação. Articulam de maneira aparentemente anárquica, mas precisa e programática, ímpeto de experimentação poética e teórica, citações indiscriminadamente eruditas e populares, precisão cirúrgica de forma e intenção na construção de cada verso, catalisados em canções estritamente populares e acessíveis.

Uma primeira observação de cunho geral sobre a forma do "estudo" pode ser feita em relação ao modo com que Tom Zé se apropria do formato disco para produzir um corpo estranho a este mesmo formato. A coesão narrativa dos "estudos" não se estabelece sobre o ordenamento sequencial das faixas, mas responde por uma ambientação que remete àquilo que está do lado de fora da obra: a "rua", para qual ele chamava a atenção em "Complexo de épico". Em uma relação de mão dupla, o "estudo" é como que vivificado pela "rua", ao passo que a "rua" é ressignificada pelo êxtase particular da arte, tal como Tom Zé indica em "complexo de épico". A "rua", ou seja, o turbilhão do presente, do cotidiano e da imaginação, dialoga com os dispositivos formais elaborados pelo artista. Somos remetidos continuamente a todo um estado de coisas. A forma canônica com que os críticos e compositores lidam com o samba, assim como o conservadorismo impregnado na perspectiva do samba enquanto "tradição", não se esgotam na recepção da obra, mas abraçam o calor da roda de samba, a poética do "homem do morro", o peso sonoro das palmas, do canto e da percussão. Todo esse contexto é incorporado pelo "estudo". Os "estudos" se exprimem mais como movimento que inclui a "rua" do que como narrativa sucessiva, linear, fechada em si mesma. Uma faixa não puxa a outra somente em termos de coesão sonora, mas são como que articuladas de modo a remeter o ouvinte para além daquilo que é mostrado no próprio disco. O estudo, assim, possui uma face positiva e outra negativa: trata-se de um convite para uma experiência nova, mas, ao mesmo tempo, para uma experiência crítica em relação ao objeto estudado.

Outra observação sobre a forma do "estudo": atenção para a articulação entre dispositivos "dramático-teóricos" e uma dimensão "crítico-poética". No balaio "dramático-teórico", o universo é teatro e o tempo é espectral, imenso. Autores, artistas e ideias ressoam ao mesmo tempo neste grande palco, habitado por todos os povos e todas as eras. A premissa atemporal é manipulada de forma a oferecer a Tom Zé a oportunidade de potencializar o drama, relacionando personagens e ideias da forma como lhe convém, e criando uma plataforma de signos e conexões que possibilite renovar o pensamento. Um exemplo evidente ocorre logo na primeira faixa de *Estudando o samba*, "Mã", quando Tom Zé se oferece como testemunha ocular de nossa antiguidade mítica, reencenando o nascimento do samba.

Somos transportados para o momento em que o samba nasce, o momento em que a "raiz" de nossa música é arrancada do vão do tempo e inscrita na história dos homens. Um outro exemplo, mais recente, pode ser encontrado na canção "Tropicalea jacta est", do álbum *Tropicália lixo lógico* (2012), onde Tom Zé cita Ovídio, os Irmãos Campos, Décio Pignatari, Zé Celso Martinez Correa, os Novos Baianos, Frank Sinatra e ainda realiza um sobrevoo histórico, da ditadura militar de 1964 ao século VIII, quando "o zero invadiu nossos avós".[57]

Quanto ao aspecto crítico-poético, trata-se da carpintaria do texto e da melodia, da eficácia da canção. Apolo é como que incorporado por forças dionisíacas, mas que lhe devolvem o olhar. Fixar com precisão as palavras e a melodia sem perder a potência da embriaguez, a desrepressão, o assunto. Contudo, o desafio de prender a atenção do público — o "acordo tácito" entre o artista e a plateia[58] — em contraste com a alegada falta de talento fez de muitas das canções de Tom Zé experimentos únicos, que causavam estranheza até mesmo aos companheiros do grupo tropicalista: "Eu me lembro que Gil, quando a gente foi gravar em 1968 [o disco *Tropicália ou Panis et Circensis*]: '... o que é made, made, made in Brazil...' [em 'Parque industrial'] Gil dizia: 'Mas, rapaz, mas que diabo de forma é essa? Que forma estranha!'"[59]

Nos estudos, a teoria é confeccionada ao sabor do delírio, ao passo que as rigorosas construções formais reiteram a

---
[57] A seguir, o referido verso de "Tropicalea Jacta Est": "No disco do Sinatra, a viagem começa no século VIII / quando o zero invadiu nossos avós. Mas voltamos aos anos 1960."
[58] ZÉ, Tom. Op. cit., pp. 25-27.
[59] Programa *O som do vinil*.

ciência minuciosa da canção popular. Os estudos de Tom Zé se constituem como um exercício de profecia que joga com uma pluralidade de enigmas, procedimentos e piadas, no qual o bardo, o anti-herói, sintetiza, a todo instante, toda a sua experiência. Por isso, dispõem-se como sistemas abertos, compostos por signos sonoros, poéticos, históricos e filosóficos, cifrados sob a forma de canções. Propõem uma compreensão ativa da cultura, que só pode ser devidamente assimilada no convívio, na vivência do acaso, no bamboleio do agora, no fricote do assovio e no refrão da invenção. Para interpretá-lo é preciso dançá-lo, pensá-lo, assoviá-lo. Por fim, não deixa de ser curioso observar que sua revolta contra o "complexo de épico" tenha se resolvido brilhantemente sob o "aqui e o agora" desta verdadeira instituição nacional que é a canção.

Com Tom Zé, pelo contrário, aprende-se de saída que nem a teoria, nem a experimentação se constituem como privilégios de uma instância psicológica (a razão, o livre-arbítrio) ou de uma classe (a dos professores universitários, a dos artistas). Nos estudos, a canção deixa de ser prisioneira dos temas recorrentes (amor, dor), ao passo que a teoria pode galgar outras perspectivas, sem necessariamente prestar contas ao saber acadêmico. A canção de Tom Zé catalisa essa legítima inversão de valores, buscando o equilíbrio entre o "elementarismo degenerado"[60] — o "carvão" — e "a linha assintótica entre técnica e imaginação".[61] Observando a concepção filosófica do Tao, percebe-se que "madeira gera fogo, fogo gera terra", ao passo que o carvão seria esse elemento em suspenso, que Tom Zé compara a seus métodos pouco ortodoxos de compor. Sua música seria car-

---

[60] ZÉ, Tom. Op. cit., pp. 61 e 73.
[61] Idem, p. 50.

vão, "elemento degenerado" que se converte em outra matéria. Já a "linha assintótica entre técnica e imaginação", com a qual Tom Zé identifica os interesses de seus mestres na Escola de Música, Koellreutter e Widmer, remetia à noção de invenção e criação em arte. A "análise assintótica" é um método de análise que busca descrever o comportamento de certos "limites", no caso, dos limites da técnica e da imaginação. Para traçar a "linha assintótica" entre o limite da técnica e da imaginação, é necessário um posicionamento que não se petrifica diante da técnica, nem se deixa esvair no exercício selvagem da imaginação. Entre o "elementarismo degenerado" e a linha assintótica, Tom Zé estabelece um equilíbrio provisório entre a erudição e a canção, particularmente do rock e da canção nordestina. Alta e baixa cultura misturadas, mas também a crítica das escalas de valores que fixam de uma vez por todas o "alto" e o "baixo".

Assim, os estudos aproximam, justapõem, confundem esferas separadas por conveniência, sejam políticas, estéticas, psicológicas ou filosóficas. Com seus rigorosos procedimentos anticartesianos, Tom Zé nos mostra que se a canção de fato morreu, foi de tanto rir. O "estudo" não se propõe simplesmente a alargar os sentidos do samba para reconfigurá-lo enquanto gênero, como seria o caso de Paulinho da Viola e os Novos Baianos. Aqui o samba é matéria de uma exploração sonora que desafia os ditames rigorosos do ambiente musical brasileiro, desviando-se das formas consolidadas por uma certa perspectiva da tradição. Para Tom Zé, o samba tem tradução.

PARTE 2
ESTUDANDO O SAMBA

3. Sambista de fato

A forma cifrada que caracteriza o "estudo" permitiu a Tom Zé catalisar crítica, arte e pensamento de forma articulada e original em relação ao cenário musical dos anos 1970. Vinculando a detecção do "complexo de épico" ao exercício transdisciplinar da "procuratividade", Tom Zé pôde criar meios de operar com todos os elementos de que a produção musical dispunha, desde a concepção do projeto, até a composição, os arranjos e até mesmo a programação visual dos discos. Como frisamos no capítulo anterior, boa parte do método e do conteúdo de *Estudando o samba* já se encontrava disponível em *Todos os olhos*. Em *Estudando o samba* Tom Zé demonstra a preocupação de elaborar uma forma coesa, redesenhando de maneira concentrada e mais bem-acabada os elementos que se encontravam dispersos no álbum anterior. Valendo-se de toda a sua pesquisa como compositor e experimentador, o autor desenvolveu um trabalho de lapidação que lhe rendeu alguns de seus maiores *hits*, canções presentes até hoje em seu repertório. Articuladas sob a tendência dialética em destruir e construir, essas canções atingem um nível de transdisciplinaridade que a música brasileira até então desconhecia. A forma do estudo, articulada entre o elemento dramático-teórico e o crítico-poético, permitem a Tom Zé criar, em plena era do rock progressivo, um "álbum" conceitual que dispensa a narratividade como forma de incluir o ouvinte na produção de sentido. Enquanto o "álbum conceitual", em sentido tradicional, constitui-se como uma narrativa moldada pela tradição do *storytelling*, Tom Zé propõe um álbum-conceito, que se abre para a interpretação do ouvinte. O sentido em *Estudando o samba* é fluido. Enquanto "obra", trata-se de uma "obra aberta", cabendo ao ouvinte engatar-se a essa energia e interagir com seus múltiplos significados.

Ao adentrar a experiência crítica e estética proposta por Tom Zé, o ouvinte se depara com uma sequência de elementos desafiantes. Primeiramente, o contraste entre tema e ambiente. O tema é o samba, apanágio da cultura popular, circunscrito a um contexto que envolve crítica, experimentação e canção popular. O que teriam a dizer um ao outro, o sambista e o teórico? Reunir no mesmo âmbito samba e crítica do samba, no que isso poderia ser proveitoso para as representações mais comuns do samba? Se parece mais do que legítimo conceber o encontro de Gilberto Freyre e Sergio Buarque com Donga e Pixinguinha como uma situação a partir da qual se pode pensar a condição mestiça da "cultura brasileira",[62] por outro lado, até então, essa confluência não havia gerado ainda um álbum que reunisse porções consideráveis de elementos tidos como eruditos e populares. Um disco que partisse das vanguardas negras, nordestinas, germânicas, que reunisse elementos de todas as cifras culturais disponíveis para provocar um curto-circuito nas engrenagens das representações mais comuns do samba. Isso porque, tal como Tom Zé imaginava combater a ditadura impondo o "aparentemente fraco" — abertura lenta e gradual à tolerância e à experimentação —,

---

[62] VIANNA, Hermano. *O mistério do samba*. Rio de Janeiro: Zahar/UFRJ, 1995.

seu estudo sobre o samba propõe um debate que extrapola a forma artística e busca abalar certezas e dogmas do comportamento brasileiro. Observo que segundo as representações mais comuns da "cultura brasileira", o samba é o gênero musical que melhor traduz a "brasilidade". Estudá-lo de forma crítica, desmontando seus clichês, jogando com sua diversidade inaudita, remete o ouvinte a um *pathos* de diferença, isto é, a um recorte patológico e desviante, uma tentativa de deslocar o ato de criação das armadilhas impostas pelo hábito. Consciente dessa possibilidade interpretativa, Tom Zé chegou a cogitar a hipótese de batizar o álbum como "Entortando o samba", mas por considerá-lo pretensioso, acabou por adotar a expressão "estudo".

O caráter iconoclasta das ideias encontravam uma tradução musical à altura, que pode ser observada ao longo da audição do disco. Logo na introdução, uma surpresa: apesar da batida sincopada, "Mã" possui uma qualidade extática com seu balanço solene e trombetas apocalípticas. Na segunda faixa, outro baque: a interpretação estranha em compasso 6/8 de "A felicidade", samba composto por Tom Jobim e Vinícius de Moraes em 1959. Adiante, "Toc", faixa que investe na combinação improvável entre serialismo, *musique concrète* e viola nordestina. A essa altura, quando imagina-se que o ouvinte já está suficientemente preparado para entrar no jogo, Tom Zé canta "Tô", uma das canções mais emblemáticas das intenções e da complexidade de *Estudando o samba*: "Eu tô te explicando pra te confundir, eu tô te confundindo pra te esclarecer..." Diante desse repertório tão estranho e, ao mesmo tempo, familiar, me parece plausível supor que, sob quaisquer circunstâncias, as canções de *Estudando o samba* permitem detectar não necessariamente a expressão de uma arte de vanguarda, mas um espírito que busca apresentar o samba de maneira diferente. O sambista tradicional — ou aqueles que se autoidentificam a partir de concepções tradicionalistas do samba — talvez não reconheçam nestas primeiras faixas o contexto através do qual geralmente se insere o samba. Se por um lado as músicas remetiam diretamente ao ritmo do samba, por outro, seus procedimentos, timbres e ruídos inesperados causaram a incompreensão entre artistas e jornalistas ligados ao samba, como por exemplo o crítico Sérgio Cabral.

Em 1997, o artista gráfico Elifas Andreato, autor de inúmeras capas de disco da música brasileira e parceiro de Tom Zé na canção "Sem a letra A", produziu, com o pesquisador Arley Pereira, a coleção *Os maiores sambas da História* pela RCA/BMG/Editora Globo. Foram quarenta fascículos contendo faixas emblemáticas da história do samba, selecionadas por pesquisadores e vendidos nas bancas de jornal. Os volumes cobriam uma generosa porção dos artistas ligados ao samba brasileiro, de Donga a Caetano, de Noel a Toquinho. Um painel amplo o suficiente para que Tom Zé pudesse cogitar a hipótese de figurar em um dos quarenta fascículos, como de fato acabou ocorrendo com "Jeitinho dela" e "Tô". Como morava perto do escritório de Andreato, Tom Zé lhe fazia visitas regulares para um café, quando conversavam sobre o projeto:

> Engraçado, Elifas, eu um dia ainda quero ser chamado de sambista. Porque o "Toc", o "Mã", afinal de contas são sambas, né? "A felicidade" do Jobim, o meu disco *Estudando o samba*, que acabou fazendo sucesso nos Estados Unidos, foi uma coisa que representou a música brasileira. Foi lançado em 1990 e no ano 2000 foi escolhido um dos melhores discos da década! Porra, isso não é brincadeira, pelo menos como representatividade, né?[63]

---

[63] Entrevista Tom Zé.

A posição ambígua que Tom Zé ocupava e ainda ocupa, seu amor violento pela tradição musical do sertão nordestino e dos países europeus, seu desinteresse acerca de tudo aquilo que se acomoda nas representações mais comuns, até hoje estimula certos mal-entendidos. Por que ele reivindica para si o papel de sambista? A resposta que me parece mais adequada vem sob a forma de outra pergunta: por que não?

Ainda que ignorada pelos sambistas e pelos críticos, uma das presenças que tensionam ainda mais o aspecto ambíguo de *Estudando o samba* é a do renomado sambista Elton Medeiros. Nascido no Rio de Janeiro em 1930, Elton Antônio Medeiros é considerado um dos artistas mais importantes da história do samba. Qual seria o seu interesse em ingressar em um projeto que pretendia quebrar a naturalização do culto e dos paradigmas do samba? Basta que nos debrucemos por alguns minutos sobre sua biografia para perceber o porquê. Mario Lago teria escrito que "queria ser Elton Medeiros", enaltecendo a larga experiência desse músico, compositor e poeta responsável por uma longa lista de feitos e contribuições para a música carioca e para o samba. Como compositor, foi parceiro de Cartola, Zé Keti e Paulinho da Viola, gravado por uma infinidade de intérpretes, de Jamelão a Zeca Pagodinho. Como cantor e músico, demonstrou versatilidade ao frequentar as gafieiras dos anos 1950, manejando o trombone e o saxofone aprendidos no colégio interno. Fundador de escolas de samba, entre as quais a Tupi de Brás de Pina e Aprendizes de Lucas, participou da fundação do Grêmio Recreativo de Artes Negras Quilombo, idealizado pelo grande sambista portelense, o politizado Antônio Candeia Filho. Sua forma sofisticada de compor revela, em suas palavras, um "ravelista incorrigível", apaixonado pelos cromatismos dos impressionistas franceses, mas com uma consciência rítmica e harmônica independente. Trata-se indiscutivelmente de um dos sambistas mais respeitados entre compositores e pesquisadores ligados aos círculos do samba. Mas também trata-se de uma das cabeças mais lúcidas, tolerantes e, ao mesmo tempo, críticas à estagnação da forma e à ação do capital sobre as escolas de samba. Já na década de 1970, Elton se retirava do Carnaval carioca, denunciando a crescente comercialização dos desfiles e do ambiente interno das escolas. Lançado no mesmo ano de *Todos os olhos*, 1973, seu primeiro disco solo se iniciava com "Avenida fechada", composta em parceria com Cristóvão Bastos e Antônio Valente:

> Chora meu peito
> Assim desse jeito pra que cantar
> Enquanto a avenida estiver fechada
> Pra quem não puder pagar
> Nem um canto sequer pra ver
> A sua escola
> Passando, sambando
> Tanta beleza
> Desfila presa no meu coração
> Ver chegar o povo querendo brincar
> E saber que agora não tem mais lugar
> Pela cidade toda enfeitada
> Parece até que o povo vai desenfeitar
> Não me leve a mal
> Mas muito luxo pode atrapalhar
> Alegria ninguém pode fabricar
> Um bom carnaval

Se faz com gente feliz a cantar
Pelas ruas um samba bem popular

Por ocasião de uma temporada em Salvador do espetáculo *Rosa de Ouro*, Elton foi assistir ao show dos tropicalistas, que contava com Gil, Caetano, Bethânia, Capinam, entre outros. Após enorme sucesso no Rio e em São Paulo durante a primeira temporada, em 1965, o *Rosa* partia em 1967 para Salvador, com o objetivo de realizar apresentações no Teatro Castro Alves. No epicentro da explosão tropicalista, mas também da retomada do samba tradicional — que trouxe de volta Cartola e Nelson Cavaquinho, e que (re)descobriu Clementina de Jesus —, Tom Zé e Elton Medeiros se conheceram no Teatro Vila Velha, em Salvador. Alguns anos após o furacão tropicalista e a reabilitação do samba junto ao público universitário, mais precisamente oito anos depois, Elton e Tom Zé se reencontraram. Amargando o ostracismo imposto pela recepção fria a *Todos os olhos*, Tom Zé desempenhava um papel de ator no espetáculo *Rocky Horror Show*, que ocupou o Teatro da Praia, no Rio de Janeiro, em fevereiro de 1975. Produzido por Guilherme Araújo e dirigido por Rubens Corrêa, *The Rocky Horror Picture Show* foi escrita pelo inglês Richard O'Brien e traduzida para o português por Antônio Bivar, Jorge Mautner e Kao Rossman. Um estrondoso sucesso de público em Londres que se repetia no Brasil, o musical tematizava a decadência e os efeitos tardios da contracultura e de Maio de 1968. Tom Zé desempenhava o papel do sinistro mordomo Riff Raff, valendo-se do seu talento para o humor cáustico, o que chamou a atenção de Elton. Sabendo do interesse de Tom Zé em trabalhar com a desconstrução do samba, Guilherme Araújo convidou Elton Medeiros para assistir à peça e os dois acertaram a parceria ali mesmo, nas coxias.

Em posse de algumas das ideias que viriam a constituir duas canções que foram para o disco, "Tô" e "Mãe solteira", Tom Zé se mudou de São Paulo para o Rio de Janeiro, hospedando-se por alguma semanas na casa de Elton, no célebre condomínio Morada do Sol, em Botafogo. Elton retribuiu a visita e hospedou-se algumas semanas depois na casa de Tom Zé, em São Paulo, viabilizando a finalização das duas canções, ambas destaques em *Estudando o samba*. Sobre as duas parcerias e, de forma mais abrangente, sobre *Estudando o samba*, Elton Medeiros faz uma declaração certeira:

> Eu volto a dizer que esse samba do *Estudando o samba*, ele é muito característico, não é de São Paulo, ele é um produto natural do Tom Zé. É uma vertente surgida do interesse do Tom Zé em trazer uma contribuição pro samba, mas sem se preocupar em regionalidades, em ir mais com um interesse artístico pessoal dele, entendeu? É uma manifestação pessoal do Tom Zé.[64]

Peço licença ao leitor para, a partir deste depoimento de Elton Medeiros, fazer uma digressão. Como afirmei antes, a representação do samba corresponde a certas categorias e concepções no imaginário brasileiro segundo as quais somos uma nação unida pela língua e pela cultura. De acordo com as crenças que orbitam em torno do gênero, o samba seria um dos dispositivos que comprovariam a tese da "democracia racial", operando no plano do caráter particular e homogêneo da cultura brasileira. Nessa representação, o samba pertence a todos, pois supostamente faz parte da nossa "alma" e, como somos brasileiros, compartilhamos algo dessa "alma". Mas o fato é que

---

[64] Programa *O som do vinil*.

existem muitos sambas possíveis, assim como sambistas com perspectivas diferentes de sua própria arte. A roda de samba carioca, por exemplo, é realizada pelo talento particular, pois tanto o repertório quanto a execução dos instrumentos carecem de um desenvolvimento individual, algo que está mais próximo da particularidade do *pathos* do que da generalidade do *ethos*. Os sambas de Ismael, Geraldo Pereira, Candeia, Almir Guineto, entre outros, operam como estopim, cujo efeito é compartilhado com aqueles que se comprazem com sua batida envolvente e melodia sofisticada. No entanto, seu eixo produtivo e expressivo não se resume à aceitação tácita e generalizada, mas à atividade patológica do sambista, sempre procurando criar um samba que se equilibre entre tradição e novidade. Assim, o que constitui a riqueza do samba é a pluralidade de sambistas e seus modos e maneiras de compor, muito diferentes entre si. A observação de Medeiros em relação ao sambista Tom Zé se mostra generosa, na medida em que ele evita considerá-lo através de uma concepção engessada do samba e do sambista, deixando de submeter Tom Zé ao crivo ficcional do "samba autêntico", tal como parte dos jornalistas o fizeram na recepção de *Estudando o samba*. Pela perspectiva de quem vivencia o samba em sua diversidade, mas que leva em consideração a trajetória de Tom Zé, Medeiros percebe seu "estudo" como produto de um sambista particular, que foge das representações do samba, seja carioca, seja paulista, em busca de outras sonoridades. É nesse sentido que a presença de Medeiros se mostra decisiva para o êxito de *Estudando o samba*. Parceiro constante de Cartola e Paulinho da Viola, dois dos maiores inovadores do gênero, sua presença adensa ainda mais o caráter simultaneamente crítico e poético do álbum. Ao assinar o texto da contracapa, Elton arremata:

Por isso, sem perda de tempo, pensou e realizou este disco, onde procurou reunir uma variedade de tipos e de formas rurais e urbanos do samba, dando a cada música a vestimenta que achou mais adequada. E por aí vai indo o Tom Zé: certo do seu trabalho certo, mas não muito certo de sua aceitação. A ponto de num desabafo — a meu ver, precipitado — ter-me dito que se este LP não circulasse, teria que abandonar o lado de pesquisa de seu trabalho. (...) Se está procurando um pretexto pra tirar uma licença, pode estar certo de que não vai ser desta vez, pois vai ter que trabalhar dobrado. Só espero que não me prive da oportunidade de novamente ser seu parceiro, pois estou aí para trabalharmos juntos, seja em Irará, Salvador, Rio de Janeiro, São Paulo etc. Gostei da experiência.

4. "The *cavaquinho* deconstructed!"

Como notamos nas primeiras páginas do livro, os caminhos que conduzem a uma aproximação do fenômeno *Estudando o samba* se encontram dispersos em textos e análises recentes. Praticamente toda a informação sobre o álbum foi produzida após a descoberta internacional do trabalho de Tom Zé. Tomado a partir de sua avaliação tardia, através de análises que variaram da surpresa ao elogio, *Estudando o samba* foi e ainda é celebrado como um feito concebido e realizado sem maiores sobressaltos, garantido pelo espírito e a eficácia provenientes de um artista autêntico. Particularmente no que diz respeito às críticas estrangeiras, que por motivos óbvios se anteciparam às brasileiras, a maioria buscou ressaltar as qualidades inovadoras do álbum por meio de comparações que o inseriam no contexto da música popular no Brasil. Alguns críticos preferiram avaliar o álbum em relação a uma leitura do rock'n'roll mais experimental, o que rendeu comparações com nomes como Captain Beefheart e Frank Zappa. Por ocasião do lançamento de sua primeira coletânea internacional pelo selo Luaka Bop, um dos críticos mais enfáticos em relação ao trabalho do baiano, Robert Christgau (a esta altura na revista *Rolling Stone*), destacou a coletânea entre os "discos essenciais da década de 1990."[65]

---

[65] Cf. *Rolling Stone*, ed. 812, maio de 1999.

Vale notar que das quinze faixas de *Brazil Classics 4: The Best of Tom Zé*, oito fazem parte de *Estudando o samba*, enquanto as restantes se encontram nos álbuns *Todos os olhos* (1973) e *Nave Maria* (1984). Assim como Christgau, críticos como Jon Pareles, do *The New York Times*, enalteciam os contrastes criados pelo baiano, destacando "jogos de palavras, associações surpreendentes" e qualidades de "matemático-roqueiro". Esses críticos também se mostravam surpresos em virtude do longo período em que Tom Zé ficou esquecido no Brasil: "Acho curioso ele não ter espaço no Brasil. Trata-se de um artista maravilhoso, uma perfeita combinação de inteligência e paixão. Gostaria de aprender português para entender melhor as letras dele."[66] Após a descoberta pelos norte-americanos e europeus, as críticas ao trabalho de Tom Zé rapidamente se alastraram no jornalismo brasileiro, mas mantiveram as mesmas características básicas daquelas destacadas pela crítica estrangeira: a surpresa e o elogio. Qualquer esforço em penetrar nos mistérios de *Estudando o samba* resultava inevitavelmente em contemplação. As análises contemplativas sobrepunham-se à pesquisa e pouco sabíamos sobre o cotidiano, sobre a elaboração conceitual e sonora no calor do dia a dia, ou mesmo sobre a composição e a finalização do álbum em paralelo às dificuldades financeiras, as oportunidades de shows e as participações que escasseavam conforme Tom Zé radicalizava sua música. Sob o ponto de vista estupefato do jornalismo estrangeiro, *Estudando o samba* parece ter sido realizado segundo um processo fluido e orgânico de concepção e realização, o que, sabemos hoje, não se deu dessa forma. Em suma: faltavam fontes adequadas para compreender a gênese e desenvolvimento de *Estudando o samba*.

---

[66] Entrevista a Sérgio Martins, *Época*, 11 de novembro de 2010.

Boa parte desta lacuna foi preenchida por aquele que considero atualmente o documento mais apropriado para iniciar uma pesquisa sobre o disco. Trata-se de *O som do vinil*,[67] programa de televisão baseado em pesquisas organizadas por Charles Gavin e Tárik de Souza. Na edição do programa dedicado a *Estudando o samba*, tomamos conhecimento da dinâmica de realização do disco através de depoimentos de boa parte dos envolvidos, de Tom Zé a Vicente Barreto, de Julio Medaglia a Theo da Cuíca, entre outros. O programa foi ao ar em 4 de abril de 2008, pelo Canal Brasil, e se encontra transcrito para consulta.[68] Trata-se de um documento valioso para o pesquisador que se ocupa em reconstituir o percurso e identificar as tensões que sustentavam o trabalho de Tom Zé, indicando inclusive um certo desequilíbrio entre perspectiva crítica e concentração criadora, problemas externos e a perseverança em prosseguir com suas convicções. No programa capitaneado por Charles Gavin, pude tomar contato com ideias e considerações mais diretas de Tom Zé em relação ao disco. Destaco uma delas, completamente afinada com as preocupações críticas (a denúncia do "complexo de épico") e estéticas (a "procuratividade") do artista baiano:

> O samba está mais aprisionado pelos seus próprios cultores que não querem que nada de estranho entre no samba. Uma forma viva, vítima de seu tempo.[69]

---

[67] Programa *O som do vinil*.
[68] Transcrição disponível no site: http://osomdovinil.org/sdv1/estudando-o-samba/
[69] Programa *O som do vinil*.

Não há dúvidas de que o espírito é de desconstrução e provocação, de tal forma que é possível conectar *Estudando o samba* ao programa enunciado em *Todos os olhos*. A preocupação com o samba parece surgir da tentativa de se direcionar não só aos defensores da estagnação das tradições populares, como também àqueles que questionavam a tradição, mas seguiam operando dentro de certos limites estabelecidos por ela, sobretudo no que diz respeito à manutenção da canção como expressão por excelência da música popular. *Estudando o samba*, assim, nasce do acúmulo de experiências e intuições que se constituíram a partir do início dos anos 1970 e se consolidaram em *Todos os olhos*: a desmusicalização dos instrumentos, a busca pela forma da "descanção", a utilização dos *ostinatos*, a pesquisa por outras sonoridades, a criação de instrumentos e a radicalização de uma poética "interjetiva" constituíam as ferramentas com as quais Tom Zé poderia saltar ainda mais alto do que em *Todos os olhos*. Com esse arsenal de composições, experiências e intuições, o baiano julgava estar pronto para dar uma cartada de alto risco, dado o insucesso do álbum anterior. Ao contrário, o fracasso comercial de *Todos os olhos* serviu como impulso para uma investida mais precisa e eficaz, propiciada pela concentração das ideias que o formato dos "estudos" permitia. Das duas, uma: ou Tom Zé decolava de vez; ou sua obra, convertida definitivamente em elemento apartado da MPB, seria enterrada para sempre, tanto para os sambistas tradicionais quanto para a juventude emepebista e pós-tropicalista.

Um primeiro passo na direção dos "estudos" é dado no início dos anos 1970, quando Tom Zé começa a desenvolver as ideias que desembocariam em sua pesquisa devotada à criação de novos instrumentos. A ideia nasceu de algumas situações, a começar pela pesquisa de uma nova harmonia para "A noite do meu bem", canção de Dolores Duran que foi gravada em *Todos os olhos*. Seguindo os hábitos que adquiriu em sua época de esforçado estudante no Seminário de Música da Bahia, Tom Zé passou o dia inteiro refazendo a harmonia da canção para encontrar uma forma completamente nova de apresentar o clássico. O mesmo procedimento de deslocamento harmônico pode ser observado no arranjo de "A felicidade", pois, em ambos os casos, trata-se da transfiguração da harmonia, o elemento mais precioso para a tradição do corpo-cancional da música popular. Como não conseguia obter um resultado que o satisfizesse, Tom Zé então recorreu não mais à manipulação da melodia ou da harmonia, mas à alteração da timbragem. Manipulando o timbre do violão com *pizzicatos*,[70] tornando-o ligeiramente mais estridente, Tom Zé obtinha o efeito diferenciador que tanto buscava, acrescido da sonoridade do órgão Hammond,[71] que ressalta o ambiente alienígena. A ideia nasceu como um estalo: para alterar a timbragem de um instrumento qualquer, faz-se necessário também alterar o corpo físico do instrumento, preparando-o à moda de John Cage,[72] mas também criando novos instrumentos. Estes resultariam em novos timbres, justamente o caminho

---

[70] Modo de se executar os instrumentos de corda pinçando as cordas com os dedos, ocasionando uma sonoridade mais próxima do "estalo".
[71] Órgão elétrico de sonoridade característica, inventado em 1935 por Laurens Hammond and John M. Hanert.
[72] O compositor norte-americano John Cage (1912-1992) desenvolveu a técnica do "piano preparado", que consiste em interpor peças como moedas, parafusos, tarrachas etc, entre as cordas do instrumento ou até mesmo nos martelos ou abafadores para se produzir efeitos sonoros.

que Tom Zé procurava. A ideia se desdobrou também em um conceito que seria utilizado em todo o álbum: fazer os instrumentos "regredirem" da produção de sons harmônicos para outras funções, como os sons percussivos, os ruídos, os sons considerados não musicais. Esse método de "regressão" está por trás não só da invenção de instrumentos, como também na utilização dos *ostinatos*, como veremos mais adiante.

Em 1972, quatro anos antes de *Estudando o samba*, Neusa, sua esposa, lhe confiou uma enceradeira emperrada para que levasse ao conserto.[73] Na percepção de Tom Zé, a enceradeira emperrada, que disparava mas gradualmente reduzia sua velocidade, gerava um *diminuendo*[74] característico de um instrumento musical, o que estimulou o artista a pensar dinâmicas percussivas para aquele novo "instrumento". Brincadeira testada e aprovada, Tom Zé se apropriou de outra enceradeira ainda mais velha e introduziu algodão no motor até que reproduzisse o mesmo efeito da enceradeira anterior. Passou anos aprimorando a invenção, acoplando microfones no corpo de metal do aparelho, levando esses ruídos estranhos para serem tratados por uma mesa de som. Cada som extraído da enceradeira era, então, transformado com o auxílio de efeitos, tal como os técnicos do dub jamaicanos faziam nesta mesma época.[75] Alguns desses instrumentos criados por Tom Zé foram apresentados anos depois no palco da FGV. Em 1978, uma espécie de precursor do sampler, a "Orquestra de Hertz", hoje chamada de

---

[73] OBRIST, Hans U. *Entrevistas* vol. 5. Rio de Janeiro: Cobogó-Inhotim, 2011, p. 194.

[74] Termo musical que designa o enfraquecimento gradual de volume seja de algum instrumento, seja da música como um todo.

[75] Cf. VEAL, Michael. *Dub: Soundscapes & Shattered Songs in Jamaican Reggae*. Middletown, CT: Wesleyan University Press, 2007.

"Hertzé",[76] surpreendeu a plateia. Não se enxergava o motor da enceradeira, apenas os sons produzidos pelos músicos, que acionavam os microfones ligados à mesa de som, em um procedimento sofisticado até mesmo para os padrões de hoje. Em 1973, Caetano experimentaria procedimentos oriundos da música concreta em seu disco *Araçá azul*, e, em 1974, sairia o disco de Walter Smetak com os instrumentos inventados. Foram procedimentos relativamente novos em se tratando de música popular brasileira, mas o trabalho de Tom Zé permanece ainda hoje como o esforço mais radical nessa direção.

Provavelmente, essas ideias afastaram definitivamente o produtor João Araújo das intenções de levar Tom Zé para a Som Livre, como também teriam consolidado sua presença desconfortável na música brasileira. Assim, *Estudando o samba* foi realizado e lançado pela Continental sem os instrumentos inventados, talvez porque Tom Zé tivesse ficado receoso diante das reações conservadoras. Restou uma máquina de escrever em "Toc" e um instrumento "hidráulico" na abertura de "A felicidade", que consiste em uma cabaça contendo água, provavelmente inventada por Téo da Cuíca. O restante do material produzido por Tom Zé nesta época só seria utilizado novamente no disco *Jogos de armar*, editado em 2000 pelo selo Trama.

Uma vez que seria preciso modificar as "coisas instituídas", Tom Zé decide voltar-se para a elaboração de novas ferramentas, condições para uma linguagem inédita. Daí surgem as preocupações em encontrar novos timbres e instrumentos, novas estratégias e

---

[76] OBRIST, Hans U. Op. cit., p. 195.

materiais para a composição. Ocorre que, ao mesmo tempo, a pesquisa traz um pensamento que só pode ser plasmado sob a forma-canção, ainda que esta forma se diferencie do corpo-cancional tradicional. No ritmo das pesquisas de Tom Zé, o samba enquanto problema a ser trabalhado em separado só passa a ser uma questão algum tempo depois, quando, praticamente na mesma época, um célebre professor de português pede a Tom Zé que execute uma versão de "A felicidade" em seu programa de televisão.[77] Tom Zé então apresenta uma versão da canção com a harmonia totalmente modificada e revertida para o compasso 6/8. Salvo engano, a primeira notícia que se tem de um samba convertido em compasso de valsa. Por definição, o samba é um ritmo constituído pelo compasso em 2/4, noção que pode ser ilustrada pela contagem das batidas do surdo. Mas Tom Zé concebeu uma nova estrutura para a harmonia, redistribuindo os acordes sobre o compasso em 6/8, o que possibilitou outras articulações silábicas e fraseados imprevistos. O efeito estranho despertou em Tom Zé a ideia de fazer um disco inteiro com sambas, ou melhor, com todas as espécies de samba com os quais ele já havia trabalhado. A partir desse momento, inicia-se um de seus projetos mais ambiciosos, qual seja: o de "estudar o samba". Como dispositivo de provocação, o samba passa a ocupar o centro da pesquisa, mas vale observar que todo o esforço empregado na produção do disco é corolário de uma trajetória singular, que compatibiliza vigor inventivo com uma verve crítica irrefreável.

---

[77] Provavelmente o programa do "Telecurso Intensivo de nível médio", organizado e apresentado por Izidoro Blikstein, com o auxílio de Dino Preti, ambos professores da Faculdade de Letras da USP. Criado em 1969 na cidade de São Paulo, e transmitido pela TV Cultura, Canal 2, o programa foi pioneiro na elaboração de cursos de português para a televisão.

A pesquisa por novas possibilidades de compor para além das melodias e harmonias prosseguia, independentemente das invenções. Tom Zé percebia que poderia extrair efeitos semelhantes àqueles produzidos pelos instrumentos inventados usando instrumentos convencionais. Uma das estratégias adotadas, que será de suma importância para a realização de *Estudando o samba*, remete à noção de "desmusicalização dos instrumentos". Em vez de tomar como base a trinca harmonia-melodia-ritmo, privilegiou-se o ritmo em detrimento das duas primeiras categorias, possibilitando um deslocamento que Tom Zé classifica como "regressão" dos instrumentos. Na época, suas composições transformavam os instrumentos harmônicos, tais como o cavaquinho e violão, em instrumentos percussivos. Bastava articular e conceber formas de composição que, em vez de manter o registro e a utilização habitual dos instrumentos, fizesse-os "regredir" na escala tradicional. A estratégia de composição adotada por Tom Zé passou a se constituir a partir da utilização dos ostinatos, possibilitando a criação de composições sobre uma base mais rítmica do que harmônica, abrindo espaço para a difícil tarefa de fazer regredir não só os instrumentos musicais, como a própria forma do samba. Uma regressão que pretendia conduzir os instrumentos tradicionais a um estágio "anterior" à sua formalização clássica, mas que, contraditoriamente, se propunha a desenvolver um experimento avançado, alçando-os a uma condição inédita.

Um ostinato é simplesmente uma frase melódica que se repete, semelhante a um riff de guitarra ou uma linha de contrabaixo. Está presente tanto na música negra norte-americana (soul, blues, funk) quanto em muitas obras de compositores eruditos. A rigor, os ostinatos aparecem na obra de Tom Zé já no disco de 1970, na faixa "Jimmy renda-se", em *Se o caso* é chorar, de 1972, particularmente na faixa "Dor e dor" e em *Todos os olhos*, na faixa homônima. O samba está presente em faixas como "Augusta, Angélica e Consolação" (que curiosamente fez sucesso no Rio de Janeiro), "Brigitte Bardot", "O anfitrião" e "Botaram tanta fumaça" (com a sutil citação de "Está chegando a hora", versão da canção mexicana "Cielito lindo" adaptada por Henricão e Rubens Campos, em 1953). Mas foi nas preparações para *Estudando o samba* que se manifestou o "gingado celestial"[78] produzido pela combinação dos ostinatos com o samba, que para Tom Zé assemelhava-se a "uma namorada gostosíssima que lhe dá carinho durante toda a música". O ostinato havia sido apresentado a Tom Zé nas aulas de instrumentação durante seus anos de estudo no Seminário da Bahia. O professor era o italiano Sérgio Magnani, um velho maestro de ópera que gostava de estudar a *passacaglia* com seus alunos. A *passacaglia* era uma dança e música italiana com influência espanhola, tocada em compasso ternário com *basso* ostinato, isto é, uma linha de contrabaixo que se repetia em loop. Tom Zé também cita a influência de seu amigo, o regente Carlinhos Veiga, que o incentivou a estudar os ostinatos e o levou a experimentar com essa forma. Por que não fazê-lo sambar sobre o ritmo binário do samba? Foi daí que nasceu o ostinato de "Mã" e, mais tarde, de "Nave Maria". Tom Zé ficou encantado com a descoberta, pois essa ideia produzia o efeito que ele pretendia, qual seja: modificar completamente o caráter do samba. "Dava um molho no samba, um balanço inacreditável",[79] declarou. Não soa estranha a ideia de que seus ostinatos só foram assimilados no momento histórico em que a ideia de "repetição" (o mini-

---

[78] ZÉ, Tom. Op. cit., p. 35.
[79] Programa *O som do vinil*.

malismo, o techno) exerce uma espécie de fascínio na música mundial. Tom Zé compunha as linhas de baixo com a quinta e sexta cordas do violão, para posteriormente escrever essas linhas para trombone e metais, com o auxílio do arranjador José Briamonte.[80] Para Tom Zé, tratava-se de "substituir a harmonia funcional pelo ostinato, valorizando as dinâmicas, as nuances, para prender o ouvinte".[81]

O processo de composição de *Estudando o samba* adquiria, assim, uma primeira direção formal. Tom Zé cultivava o hábito de gravar uma "fita básica" com sambas lentos e rápidos, sobre os quais tentava criar linhas em ostinato, seja para o contrabaixo, seja para a orquestra. Nesse momento, repassava a linha para a aprovação de Neusa, sua esposa. Uma vez aprovada a linha de contrabaixo, Tom Zé procurava desenvolver a parte aguda do ritmo. Violão e baixo entravam na sessão grave-percussiva (a "cozinha"), convertidos à condição de instrumentos pré-harmônicos. Foi quando Tom Zé imaginou que faltava algum instrumento para dialogar, através de contrapontos, com as sonoridades mais graves dos ostinatos. Uma das indicações mais claras da coesão entre o conceito estabelecido pelo autor e a execução dos músicos em *Estudando o samba* pode ser observada na forma como Tom Zé concebe a intervenção dos cavaquinhos. Os cavaquinhos em *Estudando o samba* obedecem o mesmo preceito da regressão instrumental, mas dialogando com uma exigência que Tom Zé inclui no "programa": a valorização dos

---

[80] Regente e compositor, José Briamonte integrou o grupo instrumental Sansa Trio, juntamente a Airto Moreira (bateria) e José Ordoñez (baixo). Trabalhou com nomes importantes da música brasileira, como Tom Jobim, Jorge Ben, Elis Regina, Adoniram Barbosa, entre outros.
[81] ZÉ, Tom. Op. cit., p. 36.

sons extremamente agudos. De instrumento dócil e harmonioso, o cavaquinho é como que transformado em uma máquina de produzir dissonâncias e estridências. Tom Zé observa: "A abóbada celeste tem 180 graus. Mas, no universo da música, o céu possui só 170 graus; começa bem definido nos graves, vai subindo, mas termina nos agudos. O resto é o abismo, o não mundo, o caos antes do mundo."[82] Isto é, a julgar pelo que é capaz de escutar o ouvido humano, os sons mais agudos poderiam ser comparados às estrelas que deixamos de ver em relação à nossa perspectiva. Podemos enxergar aquilo que está compreendido nos 180 graus em relação à nossa posição no mundo. Mas Tom Zé pretendia produzir sonoridades desconfortáveis, fora do espectro de aceitação e da tolerância do "ouvido" médio. Sob a inspiração de Jacob do Bandolim e, sobretudo, de Waldir Azevedo, concebeu uma forma de compor para cavaquinhos que permanece única até os dias de hoje.

> O que é que tinha à mão? As moças pra fazer a voz um pouco mais aguda — a voz de soprano — e os cavaquinhos. Dos cavaquinhos e bandolins foram utilizadas a primeira e segunda cordas. Então, me davam uma grande possibilidade de abrir a escala de Hertz para um mundo onde tivesse mais agudos. (...) Eu queria ouvir um cavaquinho muito agudo, uma espécie de tamborim mais esticado. O cavaquinho no meu samba toca tamborim.[83]

---

[82] GIRON, L.A. "Um céu de 170 graus". *Gazeta Mercantil*, São Paulo, 22 de dezembro de 2000.
[83] Entrevista Tom Zé.

Foi então que Tom Zé elaborou um método de composição que reunisse todos esses elementos: a desconstrução do samba, os sons inauditos e ruidosos, a repetição "desmusicalizadora" produzida pelos ostinatos e a ampliação da escala de Hertz propiciada pelos cavaquinhos agudos. Tom Zé passou a compor a partir de um gráfico, cujo funcionamento remetia à construção de uma casa: primeiro o "assoalho", a base, composta por contrabaixo, surdo e bateria. Depois, a região média, a "taipa", com frases de violão e viola elétrica realizadas na altura média, na quarta ou na terceira corda. O teto da casa, a "cumeeira", era composto pelo violão e pelo cavaquinho extremamente agudo. O "encarne" eram as paredes e a mobília, muitas das vezes a própria canção ou algum elemento que dialogasse ritmicamente com as outras partes da casa — no caso de "Mã", alguns detalhes de orquestra; no caso de "Toc", os gritos e sons de rádio AM gravados, e assim por diante. Este esquema foi reproduzido no encarte do álbum *Nave Maria*, de 1984, com algumas alterações. Tom Zé usava o violão e se responsabilizava por produzir o "assoalho" e a "cumeeira", mas contava com músicos e arranjadores para produzir o arranjo.

A essa altura, é preciso destacar a importância de quatro personagens presentes na gravação de *Estudando o Samba*: o violonista e compositor Vicente Barreto, coautor de "Hein?"; o produtor e violonista Heraldo do Monte; o arranjador José Briamonte; e Edson Alves, instrumentista responsável pela harmonia e por violões e violas espalhados pelo disco. Vicente Barreto, violonista e compositor, autor, entre outros, de clássicos como "Morena tropicana" (em parceria com Alceu Valença), trabalhava com Tom Zé em dupla. Tom Zé ressalta a mão direita insubstituível de Barreto, capaz de produzir ritmos híbridos e suingados como o baião "assambeado" de "Hein?". Na ficha técnica, Barreto é responsável pelo violão e por "palpites", possivelmente devido à sua grande habilidade como melodista e ao seu conhecimento de harmonia. Outro personagem importante na concepção do disco foi o instrumentista e arranjador Edson Alves, responsável pela harmonia e por parte dos arranjos, assim como Heraldo do Monte, violonista em grande parte do álbum, de quem Alves ressalta o "extremo bom gosto".[84] José Briamonte soube como poucos maestros dispor suas habilidades e conhecimento para criar um ambiente adequado às ideias e pesquisas do autor. Tal como Duprat nos tempos da tropicália, Briamonte soube equacionar o espírito indomável de Tom Zé com intervenções pontuais e precisas. De certa forma, pode-se dizer que Tom Zé foi acompanhado por músicos que souberam falar a língua estranha que ele propunha, o que contribuiu decisivamente para o resultado final do disco.

Há um outro aspecto da composição que carece de uma atenção em *Estudando o samba*: sua "poética interjetiva", isto é, construída sobre o potencial rítmico elementar dos monossílabos, particularmente das interjeições. Tendo Cummings, os poetas concretos, os poetas provençais e a linguagem cotidiana das ruas por inspiração, Tom Zé explora articulações mais rítmicas do que semânticas, usando sílabas, onomatopeias e interjeições. O autor afirma que esta poética econômica é proveniente de sua educação básica. Observa que, enquanto dispositivo educacional, o objeto livro não fazia parte da sua formação intelectual, pois a educação na Bahia, em parte herdeira da cultura

---

[84] Programa *O som do vinil*.

Ibérica, era proeminentemente moçárabe. Esta característica implicava uma educação que, de certa forma, permanecia atada à Provença dos séculos X e XI. "Os poetas provençais eram nossos cantadores", afirma Tom Zé, citando como exemplo um verso tradicional que é utilizado em seu primeiro compacto, "São Benedito" (1965) e, mais recentemente em *Tropicália lixo lógico* (2012), na canção "Tropicalea Jacta Est": "É um di, é um dado, é um dedo, chapéu de dedo é dedal." A utilização de interjeições como parte de uma estrutura quase verbal operava pequenas subversões no corpo da língua culta, prejudicando a comunicação semântica, mas favorecendo as inflexões rítmicas: "A interjeição dá um soco na sintaxe de qualquer língua. A presença de uma partícula quase que verbo e vocal ao mesmo tempo, onde o 'voco' é mais importante do que a semântica."[85] Constituída por interjeições, mas também por monossílabos e demais partículas de palavras, a poética de *Estudando o samba* se adequa de maneira eficaz à tentativa de Tom Zé de criar novas formas de tocar o gênero, valendo-se de elementos mais rítmicos do que harmônicos: "Mã", "Tô", "Ui", "Toc", "Hein?", "Vai", "Só", "Se". Assim, o autor elabora todo um arsenal de possibilidades interjetivas, conferindo forma sonora a uma porção generosa desses vocábulos incompletos, que primam pela característica fragmentária: quase dizem aquilo que nós quase ouvimos.

No percurso entre o estabelecimento de um programa crítico até o alcance da forma concentrada dos estudos, Tom Zé tomou contato com as mais diversas áreas da criação musi-

---

[85] Entrevista Tom Zé.

cal, da composição à gravação. Amigo de artistas, designers e intelectuais da comunicação como Décio Pignatari e Elifas Andreato, atentos às mutações da comunicação e da linguagem em tempos de propaganda e informática, faltava a Tom Zé traduzir esse conjunto original de ideias e procedimentos musicais para uma representação visual que exprimisse todo o teor inventivo do trabalho. Se em *Todos os olhos* a capa foi produzida como resultado do espírito irreverente que marcou a gravação do disco, em *Estudando o samba* não poderia ser diferente. A capa de *Todos os olhos* trazia estampado um superclose do "olho do cu", a sublimação da pureza e do caos através de uma imagem ambígua, mas, de toda forma, impactante. Produzida por Walmir Teixeira, a capa de *Estudando o samba* apresenta uma programação visual mais discreta, porém não menos polêmica. Tom Zé concebeu a capa com as imagens da corda e do arame farpado entrelaçados, em alusão ao "aprisionamento" do samba. Essa concepção não impede que se desloque o problema para uma representação mais ampla. Embaraçando fio e arame farpado em uma programação visual seca, quase minimalista, Tom Zé produz uma metáfora do entrelaçamento entre o moderno e o arcaico, duas forças que se digladiam, se esfacelam, se anulam no Brasil dos anos 1970.

Com a capa pronta, Tom Zé poderia mandar cortar o LP contendo aquilo que poderia ser considerado o resultado parcial, porém concentrado, de suas pesquisas. Ao longo de suas doze faixas, *Estudando o samba* se estrutura em três módulos e num encerramento, cada momento do álbum remetendo a uma particularidade da pesquisa desenvolvida pelo autor. Em suas primeiras faixas, mais precisamente nas quatro primeiras, *Estudando o samba* é essencialmente programático e exprime de forma compacta os resultados mais radicais dessa pesquisa. Em "Mã", o nascimento do "neném", isto é, o samba, a intensidade demiúrgica da criação ensaiada com *ostinatos* e batucada malemolente. "A felicidade" desempenha o papel do dispositivo desconstrutivo, valendo-se de um clássico da bossa nova recomposto em ritmo ternário. Na sequência, o "matemático-roqueiro" entra em cena, com "Toc", inaugurando aquilo que Koellreutter chamava de "o tempo quadridimensional".[86] Com seus versos emblemáticos, "Tô" finaliza a primeira parte, explicando ao ouvinte os procedimentos e ideias de um disco que, àquela altura, o próprio Tom Zé já considerava bastante ousado. A segunda parte contém quatro experimentos híbridos, combinando e reinventando ritmos e harmonias para alcançar momentos sem igual na história do samba: "Vai (me-

---

[86] "Tempo quadridimensional", conceito elaborado por Koellreutter a partir de sua *teoria estética relativista do impreciso e do paradoxal*, refere-se a um tipo de tempo musical que não se submete à estrutura rigorosa da partitura e à sucessividade cronológica do tempo contável. Em substituição às estruturas lógico-formais da partitura, Koellreutter se inspira na física contemporânea para desenvolver uma série de novos paradigmas para a composição musical, que envolvem a "abolição de partituras tradicionais", fusão de elementos paradoxais (belo e feio, preciso e impreciso), acausalidade, imprevisibilidade, entre outros. Particularmente em relação ao "tempo quadridimensional", o ritmo não se restringe ao pulso contável a partir das designações rigorosas da partitura. Koellreutter, então, compreende que Tom Zé desenvolve em "Toc" uma forma mais fluente de organização para a composição musical. Ao invés do tempo extensivo, rigoroso e contável da partitura, um tempo "intensivo", afeito às dinâmicas afetivas/subjetivas, e não ao rigor matemático. Para um análise mais detida das relações entre a *teoria estética relativista do impreciso e do paradoxal* e a música de Tom Zé, Cf. BONFIM, Leonardo Corrêa. *Os tons de Zé: transformações paradigmáticas na obra de Tom Zé (1967-1976)*. São Paulo: [s.n], 2014.

nina, amanhã de manhã)", "Ui! (você inventa)", "Dói" e, pulando a oitava faixa, "Hein?". Na sequência final, três canções que dialogam com o poder lírico da bossa nova: "Mãe (mãe solteira)", "Só (solidão)" e "Se" antecedem o encerramento lírico e abstrato de "Índice".

3. Faixa a faixa

"**Mã**" (Tom Zé)

A canção que abre *Estudando o samba* pode ser considerada do ponto de vista de uma alegoria, de uma narrativa mítica. Não há voz principal, apenas o coro entoando uma frase com renitência epifânica: "Batiza esse neném! Batiza esse neném!" Na tragédia grega, o coro representava a voz plural de Dionísio em oposição ao princípio apolíneo da individuação. Portanto, estamos no registro do delírio: ninguém é de ninguém. Mas é possível perceber também uma articulação entre duas abordagens comuns no interior dos estudos: a suspensão do tempo cronológico produzida pelos contornos dramático-teóricos, e a introjeção peculiar da teoria na canção popular, presente na dimensão crítico-poética. A narrativa mítica comunga, assim, de ambas as abordagens. Mas o que ela narra? Não se trata exatamente do nascimento, mas da emergência do samba. Não se sabe onde nasce o neném, seu nascimento não é localizado, nem datado. Trata-se do batizado de um neném sem pai nem mãe, sem dono, perambulando de braço em braço, cuja estrutura atravessou o "Atlântico negro" de navio para desaguar em colo ameríndio. Sambas e arcanjos bambeiam no balanço infernal da batucada em compasso binário, indicando a dupla origem deste gênero musical que, acredita-se, traduz nossa "brasilidade". "Mã", no entanto, retira a aura de representatividade do samba e o joga na indeterminação da festa dionisíaca. Em vez de circunscrever o universo do samba com suas representações usuais, Tom Zé envolve o ouvinte em artifícios poéticos que remetem a um pré-vocabulário rítmico. Os parônimos, palavras com sons semelhantes, se multiplicam, aumentando ainda mais o caráter indeterminado da rua e da arruaça, da "mão da madrugada", da "lua enluarada", do seio e da sede. O autor nos joga na cena mítica: "Mã mã mã mã mã mã", berra o neném, monossilábico, aludindo à sabedoria particular do samba, um não saber que é marca indelével desde seus primórdios e explica as mutações que lhe acometeram em cerca de cem anos. Em "Mã", o samba é o produto parcial deste vir a ser essencialmente criador, interditado perigosamente pelas representações cristalizadas do nacionalismo ingênuo.

Assim como em "Nave Maria" de 1984 (do álbum homônimo), a valorização dos *ostinatos* se propõe a destronar a harmonia para valorizar o ritmo. Duas linhas melódicas, a mais grave tocada com uma viola eletrificada e a mais aguda com o cavaquinho, soam sobre o compasso 2/4 do samba, executado com surdo, tamborim e hi-hat. A frase de cavaquinho, inspirada na timbragem aguda do cavaquinho de Waldir Azevedo, compõe com as violas eletrificadas, tocadas nas duas primeiras cordas. A seção de metais, que mais parecem "trombetas da anunciação", foi arranjada por José Briamonte e contou com a presença de Hermeto Pascoal entre os músicos.[87] José Santana, membro

---

[87] Entrevista Tom Zé: "Quando Briamonte chamou os músicos de sopro e as trombetas, os trombones, e tal, pra tocarem a parte instrumental de "Mã", teve um episódio muito gozado. Naquele tempo você botava

do grupo CTA-102, de rock psicodélico paulistano dos anos 1970, era amigo do maestro Rogério Duprat e foi convidado por Tom Zé para participar dos arranjos vocais, que contaram com membros do grupo. Concentrando algumas das ideias mais características de Tom Zé, desenvolvidas a partir de 1970, "Mã" representa não só um dos pontos altos de sua carreira, como também da música brasileira dos últimos cinquenta anos.

"A felicidade" (Tom Jobim - Vinicius de Moraes)

Desconstrução da canção standard composta por Tom Jobim e Vinicius de Moraes em 1959, em alusão ao tipo de interpretação transfiguradora fomentada por João Gilberto. A pedido de um célebre professor de português que o convidou para interpretar uma versão da canção em seu programa (v. nota 77), Tom Zé elaborou outra harmonia para o clássico, tocando-o em ritmo ternário, mais precisamente em 6/8. A faixa causa um estranhamento inevitável, em virtude do contraste entre o violão em 6/8 e a marcação em 2/4, em um procedimento polirrítmico raro na música brasileira. Logo na introdução, ouvimos os apitos e percussões miúdas, que remetem ao universo da música indígena. Esses sons reiteram o contraste em relação às representações

---

um trecho para tocar, contava e os músicos entravam todos juntos. Os músicos eram obrigados a ouvir enquanto gravavam. Entre eles, estava lá sentado o Hermeto. Uma pessoa que tem curiosidade! Lembro que entrou a bateria, depois o contrabaixo... E quando entraram o cavaquinho e a guitarra, com aquela segunda menor fazendo tamborim, Hermeto olhou assim pra caixa de som... (risos) Foi o primeiro elogio que esse disco recebeu!"

mais ordinárias da cultura brasileira, em que a bossa representa a modernidade e os índios o primitivismo, o arcaico. Equacionados no mesmo contexto, a música indígena, o samba, a bossa e a marcha, todos trazem para o centro do problema a crise das representações. Adiante, uma fanfarra histérica, inevitavelmente irônica, irrompe antes da primeira estrofe. O contrabaixo com o efeito *phaser* acompanha as modulações sinuosas do ritmo, enquanto Téo da Cuica executa o "tambor d'água", que consiste em uma moringa repleta de água. O que seria mais fiel ao legado de João Gilberto do que um procedimento que busca recriar um clássico de forma completamente diferente, e que não se conforma em reproduzir o já sabido e reconhecido?

"Toc" (Tom Zé)

No filme *Tom Zé ou Quem está colocando dinamite na cabeça do século?*, Koellreutter expõe sua admiração pelos *ostinatos* compostos por Tom Zé, mas se atém a uma só composição: "Toc". Para Koellreutter, "Toc" se destaca por uma qualidade absolutamente inovadora: a adoção do tempo quadridimensional. Produto de uma relação entrópica entre "estudo" e improviso, a estrutura de "Toc" distribui o ritmo por todos os níveis que envolvem não só a composição, mas a própria timbragem e apresentação dos sons. Trata-se, nas palavras de Koellreutter, de uma composição cujo tempo é "mais emocional" e que supera "certos dualismos":

> É realmente algo de novo, que funde todas as características que ultimamente surgiram na música, como, por exemplo, a superação de certos dualismos (...) principalmente também um novo

conceito de tempo. O tempo que ainda existe nessa música, por ser característico do samba, no fundo é um tempo mais fluente. É um tempo que muda constantemente e transforma todos os outros parâmetros de acordo com este conceito de tempo que eu chamo de "tempo quadridimensional". Não é mais o tempo do relógio, rigoroso, mas sim um tempo mais emocional. São acontecimentos musicais "acausais"; a gente sente uma fluência livre, emocional, em tudo isso que ocorre na partitura. Eu senti e sinto isso, ficando muito impressionado. Fiquei arrepiado com a música que ouvi ontem, e, para ser franco, não dormi ontem a noite toda por causa dessa música, "Toc".[88]

É possível, assim, observar as transposições do ritmo para todas as regiões sonoras que envolvem a composição. O exemplo mais evidente dessa premissa é a transposição do tamborim para as cordas de aço da viola, isto é, as notas que pontuam o toque do "tamborim" de aço e a incorporação dos ruídos. Porém, em sua estrutura, entrecruzam-se a *musique concrète* de Pierre Schaeffer (os gritos e sons de rádio de pilha), os ataques exatos do naipe de metais, à moda das gafieiras, e as percussões econômicas, porém precisas. Para obter esse efeito, Tom Zé instruiu o Grupo Capote (do qual faziam parte Odair Cabeça de Poeta e Heraldo do Monte) para improvisar indefinidamente, evitando repetir as linhas melódicas no mesmo compasso, esperando que do improviso surgisse alguma ideia nova. E em um determinado momento, percebeu que havia um trecho a partir do qual poderia construir alguma composição. Com mais ou menos um minuto e meio de duração, esse trecho se transformou

---

[88] No filme *Tom Zé ou Quem está botando dinamite na cabeça do século?* (Direção: Carla Gallo, Brasil, 2000).

em "Toc". Por este motivo, Tom Zé insiste em dar os créditos para os músicos do Capote, mas também ao arranjador José Briamonte, a quem pediu para escrever as investidas repetitivas do naipe de metais, certamente sob a influência do minimalismo de Philip Glass. Ao lado de "Mã", "Toc" é a faixa mais emblemática e significativa de *Estudando o samba*.

"Tô" (Elton Medeiros - Tom Zé)

Depois de ler a crítica publicada na *Veja*, em fevereiro de 1976, escrita por Tárik de Souza, Chacrinha passou a usar o bordão de "Tô" em seus programas. Tom Zé comenta: "Ora, um artista completamente fora de circulação, com um texto seu sendo uma caracterização do programa mais popular do Brasil..." Segundo o autor, o prejuízo psíquico decorrente do fracasso de *Estudando o samba* o impediu de reivindicar à gravadora que interviesse por sua apresentação no programa. Mas essa história em nada compromete a forma vital e eficaz desse samba criado em parceria com um artista ligado ao universo representativo do samba. Os versos de "Tô", a primeira composição do álbum em parceria com Elton Medeiros, constituem uma espécie de corolário de *Estudando o samba*, que enuncia claramente a abordagem crítica do disco. Seus versos, movidos à força de contradições, instauram a ampliação da "ignorância": "Tô te explicando pra te confundir, tô te confundindo pra te esclarecer." Assumindo a ignorância, Tom Zé imagina estimular a percepção de que o samba pode ser pensado como uma forma em mutação permanente, abrindo caminho para novos procedimentos e ideias. Por exemplo, observando a percussão dessa faixa, percebe-se uma sonoridade aguda, como se algum objeto friccionasse uma superfície porosa. Proposta de Téo da Cuíca, que sugeriu a Tom Zé que aproximasse os microfones dos instrumentos para extrair uma timbragem diferente. "Tô" é talvez a faixa mais conhecida de Tom Zé, de tal forma que permanece inabalável em seu repertório até os dias de hoje.

"Vai (menina amanhã de manhã)" (Perna Fróes - Tom Zé)

Parceria de Tom Zé com Antônio Perna Fróes, "Vai (menina amanhã de manhã)" é o primeiro dos experimentos híbridos ao qual me referi no subcapítulo anterior. Tom Zé morou com Perna, pianista e ex-estudante de medicina, com quem compôs algumas canções, entre elas a mais conhecida, "Vai (menina amanhã de manhã)". O instrumentista e compositor baiano era o líder do Perna's Trio, eixo central do acompanhamento musical nos primórdios da Tropicália. O trio era composto por Perna ao piano, Moacyr Albuquerque, o "Momó", no contrabaixo, e Tuty Moreno na bateria — instrumentistas versáteis, corresponsáveis pelas invenções sonoras dos tropicalistas.

"Vai..." parte do "elementarismo degenerado" que Tom Zé observou na filosofia taoista: entre o fogo e a madeira há o carvão, elemento degenerado e impuro, que o autor toma como metáfora de suas composições. Investido de uma inspiração precária, Tom Zé volta o foco para uma célula rítmica, um acorde ou um desenho melódico que se pode chamar de característico, e tenta extrair algumas ideias. Sob a influência do dedilhado de violão que Gilberto Gil toca em sua composição "Expresso 2222", "Vai..." se apoia em uma armadura rítmica repetitiva, que retifica os dois tempos característicos do samba. A levada do violão é responsável por conduzir o andamento e o ritmo, salvo algumas percussões discretas, particularmente no refrão. O resultado é preciso e, novamente, sem paralelos na história do samba.

Conforme analisamos anteriormente, a poética interjetiva prejudica a sintaxe, favorecendo a manipulação dos mais estranhos ruídos vocais. Ruídos que se dissociam da comunicação verbal e abrem espaço para a reapropriação da voz como instrumento musical. Resulta assim em uma expressão poética na qual "o 'voco' é mais importante do que a semântica". Nos versos finais, Tom Zé canta uma sequência de frases terminando com dissílabos parônimos, e, gradualmente, retirando uma sílaba das terminações. Na primeira estrofe, são dissílabos com letra A; na segunda, dissílabos com as vogais; depois, as palavras se tornam monossílabos com a extração das consoantes, preservando as vogais até o fim. A poética interjetiva e monossilábica dos estudos possibilita a elaboração de cadeias de palavras que criam entre si nexos mais rítmicos do que semânticos. Para perceber o efeito que Tom Zé extrai com esse método, basta acompanhar os versos:

> Menina, a felicidade
> é cheia de praça,
> é cheia de traça
> é cheia de lata
> é cheia de graça.
>
> Menina, a felicidade
> é cheia de pano
> é cheia de peno
> é cheia de sino
> é cheia de sono

Menina, a felicidade
é cheia de ano
é cheia de Eno
é cheia de hino
é cheia de ONU.

Menina, a felicidade
é cheia de an
é cheia de en
é cheia de in
é cheia de on

Menina, a felicidade
é cheia de a
é cheia de e
é cheia de i
é cheia de o

"Ui! (você inventa)" (Odair - Tom Zé)

"Ui! (você inventa)" é uma daquelas canções que, para além do efeito formal comum às canções, faz remissão de forma muito particular aos objetos do álbum e à trajetória do autor. Se geralmente a canção perfeita prima por uma melodia que estimula o afeto de familiaridade, a palavra "inventa", repetida inúmeras vezes, remete à própria condição de Tom Zé como artista, condição reiterada pelo efeito antônimo e complementar dos versos: luxo/lixo, amor/solidão, mas também lei/obediência, Deus/fé, trabalho/mãos etc. A instrumentação se estrutura entre frases curtas tocadas por violão, viola e contrabaixo. Utilizando a técnica dos contrapontos, Tom Zé imprime nos instrumentos harmônicos o desenho rítmico da percussão do samba: o contrabaixo funciona como a batida fraca, o contratempo do surdo, enquanto a viola e o violão em contraponto se encarregam do restante da percussão, com pandeiros e chocalhos.

"Dói" (Tom Zé)

Por volta de 1956 ou 1957, Tom Zé foi a um concerto na Reitoria da Universidade da Bahia para levar duas primas. Quando entraram, atrasados diga-se de passagem, a orquestra tocava um concerto para clarinete. O movimento que estava sendo tocado impressionou Tom Zé. Embora não se lembre do compositor, nem do concerto, a senha para compreender a influência deste acontecimento na forma da composição em questão é evidente. O clarinete tocava colcheias contra a orquestra, que, por sua vez, respondia com todo seu poderio, executando outras tantas colcheias em modo *fortissimo*. O contraste entre um clarinete desafiando o peso da orquestra tornou-se para Tom Zé uma ideia axial, segundo a qual a anteposição de dois elementos com forças muito distintas em curtos espaços de tempo poderia resultar em um procedimento contrapontístico digno de atenção. Trata-se, assim, do mesmo contraponto aplicado na faixa anterior, porém com outro desenho melódico.

 O arranjo de "Dói" foi composto no dia da gravação, inclusive no refrão, quando Tom Zé canta os versos "ê ê / teu olhar / ê ê / luz do dia…". Podemos perceber também uma levada marcial que flerta com o rock (e particularmente com o pós-punk, vertente através da qual os estrangeiros interpretaram a maioria do trabalho de Tom Zé) e um refrão certeiro entre o samba e o calango. Na repetição do refrão, os metais e o coral crescem em volume, sublinhando os desenhos melódicos. Destaque para a voz feminina que canta na deixa para as estrofes, repetindo como um cavaquinho: "Dói dói dói dói..." A penúltima das composições híbridas de *Estudando o samba*, mais um achado sem termo de comparação na música brasileira.

"Mãe (mãe solteira)" (Elton Medeiros - Tom Zé)

No programa *O som do vinil*, Tom Zé afirma que "o homem do morro", o homem habituado com o ambiente dos morros cariocas, possui uma escrita refinada quando se trata de traçar um perfil com densidade psicológica e construção prosódica. Por sua vez, Elton retribuiu o elogio, classificando a melodia de 'Mãe (mãe solteira)' como "intrigante, pois não é comum usar a melodia de caráter regional, notoriamente de ciranda, sobre uma rítmica de samba tradicional". O fato é que ambos estão corretos quanto à detecção dos elementos principais dessa canção melancólica, quase dolorosa. Percebe-se também que há um diálogo intermitente com a suavidade da "bossa praieira" de Toquinho, sobretudo na orquestração discreta e na interpretação emotiva e bossanovista de Tom Zé — ainda que se note também a levada do tamborim, esse instrumento estranho à própria bossa nova. Mas a grande beleza de "Mãe..." se concentra sobre a descrição precisa do perfil psicológico da personagem principal, a partir da justaposição de signos psicológicos e materiais (lágrima, silêncio, paciência, ponto do tricô, agulha, linha, aranha):

    Cada passo
    Cada lágrima somada

Cada ponto do tricô
Seu silêncio de aranha
Vomitando paciência
Prá tecer o seu destino.

(...)

Preparando a armadilha
Teias, linhas e agulhas
Tudo contra a solidão
Prá poder trazer um filho
Cuja mãe são seus pavores
E o pai sua coragem.

"Hein?" (Tom Zé - Vicente Barreto)

"Hein?" se estrutura dentro de um tema comum no samba: o bate-boca entre homem e mulher, mas dessa vez em uma situação na qual a mulher provê os bens materiais e o homem abusa de sua confiança, fingindo que não escuta o que ela diz. A interjeição "hein" funciona perfeitamente dentro do tema e dos objetivos formais da composição. A história é relativamente conhecida, visto que essa é uma das músicas mais célebres do autor. A primeira parte foi composta pelo violonista Vicente Barreto, que elaborou uma batida calcada no contratempo, posicionada entre o samba e o baião. A segunda parte, mais particularmente o refrão, foi finalizada por Tom Zé com uma progressão harmônica ascendente e a levada aparentada do baião. Na segunda parte, a partir de "Esse teu 'hein', moleque" em diante, a música é de responsabilidade de Tom Zé. Barreto deu instruções ao contrabaixista para que segurasse o ritmo junto com o violão e o chocalho, até o breque: "Eu dei casa e comida / O nego ficou besta/ Tá querendo explorar / Quer me judiar / Me desacatar..." O *continuum* é retomado, entrecortado por golpes violentos de cordas, basicamente violino e violoncelo.

"Só (solidão)" (Tom Zé)

No penúltimo experimento bossanovista de *Estudando o samba*, Tom Zé nos situa no território das palavras comuns ao léxico do samba. Em "Só (solidão)", lança o seguinte artifício poético: encontra na palavra "solidão" a palavra "só", ambas indicando a condição psicológica do indivíduo que lamenta o próprio isolamento, o afastamento das pessoas e dos amores. Mais tarde, ele deslocará a partícula silábica "só" e a fará ecoar dentro dos versos "só lhe chamando, solicitando" (ou "só lhe citando", em remissão à falta da pessoa amada). Pulverizando as sílabas pela composição, Tom Zé encontra uma forma de reproduzir poeticamente a poeira que paira sobre uma casa que padece do isolamento característico da solidão. Esse efeito sinestésico é corroborado pelo modo suave com que se entoam os versos, produzindo ainda mais névoa sobre o cenário.

Mas nesse ambiente onde supostamente reina a melancolia, é possível também encontrar o humor sacana de Irará, quando Tom Zé canta: "O telefone chamou, foi engano...". Quando o verso retorna na segunda parte, Tom Zé canta apenas "o telefon...". O autor resume a ideia de forma prosaica, justificando a ousadia a partir de uma observação particular sobre o modo como as pessoas atendem ao telefone: "Quando a pessoa ouve um telefone chamar, ela às vezes fala 'o telefo...', e põe a mão no ouvido pra ver se o sinal está chamando mesmo. E quando completa, era como se tivesse atendido só depois de várias chamadas. Foi uma tentativa de fazer uma brincadeira com isso." Como se trata de um "engano", Tom Zé incluiu um compasso em ¾ no final da última estrofe, quando canta a palavra "descompasso". O "engano" na letra da música, então, se materializa no arranjo, como se o compasso ternário fosse incluído inadvertidamente.

"Se" (Tom Zé)

"Se" é a canção mais próxima de uma certa visão "tradicional" do samba. Inclusive, é a única em todo o disco que contém o instrumento de samba por definição: o pandeiro. O tema se resume à experiência do amor mal correspondido, o que pode remeter aos aspectos comezinhos do amor, onipresente nos versos perspicazes de Lupicínio Rodrigues. Mas a forma das letras, apesar de dramática, assemelha-se a de Moreira da Silva, na qual cada verso funciona com o apelo dos ditados populares e trocadilhos infames.

> Ah! se maldade
> vendesse na farmácia
> que bela fortuna
> você faria
>
> (...)
>
> eu beijaria os pés
> da santa máter

e reescreveria
o seu caráter.

No refrão, a reprodução de outras dinâmicas rítmico-poéticas baseadas na utilização dos monossílabos e interjeições, cantados pelo coro:

Oh! mulher,
se
porém
se
o quê?
se
de quem?
se
por quê?

O arranjo conta com a abertura do violão límpido de Heraldo do Monte, pontuado pela dobradinha de bandolim e contrabaixo realizando a "baixaria", como os músicos dos regionais de Chorinho chamam a linha de baixo executada pelo violão de sete cordas. A linha de baixo descreve uma melodia que é mais comentário da canção do que reiteração do acompanhamento harmônico.

"Índice" (José Briamonte - Heraldo do Monte - Tom Zé)

A letra de "Índice" enumera todos os títulos monossilábicos que percorrem o trabalho, extraindo poesia a *fórceps* de um procedimento análogo à indexação de arquivos. Em todo caso, uma poética contrária à rigorosa construção da primeira e da segunda partes do disco. De fato, "Índice" foi realizada durante as gravações, com o auxílio de José Briamonte e Heraldo do Monte. Soa como a maior das ironias o fato de que o "índice" que encerra *Estudando o samba* remete mais à bossa nova do que ao samba mesmo, com suas dissonâncias chopinianas. E como não há nada gratuito em *Estudando o samba*, compreendo que, em relação à estrutura do álbum, seu encerramento tem a função de lembrar ao ouvinte a ideia de que o samba, por ser uma arte, opera inevitavelmente a manutenção de suas tensões em vista a um futuro tão desconhecido quanto imprevisível. Ao contrário do início programático, o encerramento de *Estudando o samba* se estabelece por força de uma faixa a meio palmo do improviso. "Índice", porém, possui a função precisa de endereçar uma mensagem ao ouvinte: ouça tudo novamente.

Conclusão:
O mistério de *Estudando o samba*

Em maio de 1968, os tropicalistas lançavam o disco-manifesto *Tropicália ou Panis et Circencis*, com produção de Manoel Barenbein e arranjos do maestro Rogério Duprat. Tom Zé participa do álbum com "Parque industrial", interpretada por Gilberto Gil, Gal Costa, Caetano Veloso e Os Mutantes. Intitulado em referência ao romance escrito em 1933 por Patrícia Rehder Galvão, a Pagu, "Parque industrial" satiriza os contrastes entre subdesenvolvimento e modernidade, traduzindo apenas em parte o conjunto das ideias do núcleo tropicalista. A diversidade ruidosa do arranjo propicia um clima festivo, característico dos jingles que anunciam "liquidação" de estoque, justapondo motivos circenses, arranjo orquestral, sambalanço, reforçando os versos sarcásticos:

> A revista moralista
> Traz uma lista dos pecados da vedete
> E tem jornal popular que
> Nunca se espreme
> Porque pode derramar.
>
> É um banco de sangue encadernado
> Já vem pronto e tabelado,
> É somente folhear e usar.
> — Parque industrial

Incorporando à estrutura da canção a crítica ao desenvolvimentismo, isto é, possibilitando à música contextualizar o ambiente urbano que a letra descreve, Tom Zé, então, apresenta seu primeiro experimento cancional ao grande público, sua primeira "descanção" popular. Destaco o momento em que todos cantam o refrão, desfilando os versos sobre o samba arrastado, característico do balanço de Wilson Simonal (Gil canta: "Vamos voltar à pilantragem!"): "Por que é Made, Made, Made, Made in Brazil." Reforçando a percepção crítica com o balanço do samba arrastado, Tom Zé extrai o efeito cômico expondo um quadro de observações ao processo de modernização e industrialização nacionais, face a um país afogado em problemas sociais e políticos. Ora, isto não era exatamente o que desejavam ressaltar Caetano Veloso e Gilberto Gil. Mais preocupados em problematizar a cultura nacional através da valorização do "produssumo" como forma de inserção e sublimação da invenção de vanguarda dentro do mercado, "reforçando a autonomia dos criadores e consumidores", talvez já percebessem que Tom Zé se encaminhava para outra direção. Luiz Tatit pondera em uma entrevista com o autor:

> Naquele momento, houve uma confluência de fatores, claro: o Tropicalismo e você tinham interesse em música nova, tinham pontos em comum. Tinham tido informação de vanguarda e tudo isso. Mas não tinham os mesmos propósitos, os projetos eram diferentes. Então, não creio que seja interessante esse vínculo tão crucial entre Tom Zé e o Tropicalismo.[89]

---

[89] Entrevista a Luiz Tatit e Arthur Nestrovski, em *Tropicalista lenta luta*, p. 246.

Ao mesmo tempo, "Parque industrial" não poderia ser associada a uma "canção de protesto" ou a qualquer manifestação da esquerda estudantil, do CPC ou mesmo da "Frente Única" de Elis e Geraldo Vandré. Também não se coadunava com nenhum esforço de resgate cultural ou representação dos valores nacionais. Próximo dos tropicalistas por questões geográficas e afinidades pontuais, Tom Zé, no entanto, parecia deslocar-se incessantemente, sem uma direção específica, buscando talvez um não lugar a partir do qual pudesse começar a pensar em criar uma obra própria.[90] Recusando a adesão imediata à representação do nacional-popular, mas também percebendo os limites da inserção capitalista, apostou no humor como forma de sublimação. Na sua concepção, o "complexo de épico" era, sobretudo, produto da ausência de humor, um "levar-se a sério" em excesso, até mesmo em meio ao jogo da arte. Percebe-se, assim, um elemento recorrente, que talvez tenha contribuído para que Tom Zé angariasse antipatias à esquerda e à direita: o humor cortante, fino, às vezes sarcástico para além da medida imposta pela mentalidade da época. De todas as canções de

---

[90] Em *Verdade tropical*, Caetano escreve: "Tom Zé, que nunca fora um bossanovista (eu o convidara para vir de Salvador exatamente por perceber que seu talento satírico e seu adestramento teórico-musical lhe assegurariam um lugar no programa tropicalista), não tinha (...) cuidados com Chico Buarque. Perguntado num programa de televisão sobre o confronto tropicalistas versus Chico, respondeu que, de sua parte, respeitava muito Chico Buarque 'pois ele é nosso avô'. (...) Com o tempo, essas declarações indicaram o tipo de mal-entendido que envolvia a participação de Tom Zé na Tropicália. Em que medida Tom Zé não era um 'bossanovista', se João Gilberto figurava entre suas influências centrais? E em que termos se pode atribuir a ele um 'adestramento teórico-musical', se ele teria se esforçado justamente por subverter as coisas instituídas na Escola de Música?" VELOSO, Caetano. Op. cit., p. 231.

Tropicália, "Parque industrial" é a única que tem a preocupação patente de trabalhar com o humor. A irreverência nas performances do grupo tropicalista, particularmente as que envolviam Os Mutantes, diferiam em comparação com o humor que Tom Zé propunha. Assim como a forma cancional simples em comparação com o restante das canções, o humor ao mesmo tempo escrachado e perspicaz de "Parque industrial" mostrava que a presença de Tom Zé, "baiano e estrangeiro", destoava nitidamente do restante do álbum, representando uma outra possibilidade de pensá-lo em relação ao tropicalismo.

As evidências mostram que sua presença no grupo talvez não tivesse passado de um mal-entendido. Contudo, o motivo pelo qual *Estudando o samba* teria permanecido por tanto tempo enterrado nas prateleiras estrategicamente selecionadas do mercado fonográfico permanece um mistério. Multiplicam-se os argumentos capazes de desconstruí-lo pouco a pouco, sejam contextuais ou específicos, reforçando um tipo de desorientação constitutiva da precária indústria cultural brasileira. Quanto mais sabemos, menos compreendemos. Façamos um esforço de buscar outros artistas esquecidos, resgatados por interesse na música do Brasil, por influência dos colecionadores de vinil e por replicação distributiva propiciada pelo Napster e derivados. Há uma gama de artistas em relação aos quais pouco se sabia durante as décadas passadas, mas que revelam trabalhos de alto nível, mesmo em comparação com aqueles que se consolidaram no mercado. Me refiro a Pedro dos Santos (ou Pedro Sorongo) com *Krishnanda* (1968); Arthur Verocai, com o álbum homônimo de 1972; artistas do *udigrudi* pernambucano que não se projetaram na época, como Lula Cortes e Marconi Notaro, este último com um disco que é considerado hoje um clássico: *No sub reino dos metazoários*, de 1973. Para cada um deles, podemos atribuir algo do mistério que se atribui a *Estudando o samba*, e possivelmente a resposta não variaria: não estavam no *script*, não correspondiam às expectativas, foram alijados do jogo talvez cedo demais, talvez por razões de tolerância, de jogo político ou de mercado.

Ainda assim, Tom Zé se destaca desse grupo de artistas, não só porque foi "redescoberto" antes da era da internet e da popularidade internacional da música brasileira. Há também um pensamento sobre o Brasil, todo um arsenal de ideias, procedimentos e reflexões que fornecem munição para abordar esses assuntos de forma bastante diferente daquela encaminhada pelos tropicalistas. Acompanhando o humor sarcástico, um tom acima do que o ambiente cultural de classe média comportava, Tom Zé se propôs a fazer crítica cultural como poucos, tornando relativamente célebres a "Exegese de 'Tô ficando atoladinha'",[91] a tese do "Defeito de fabricação" (ver nota 6) e a teoria do "Lixo lógico"[92].

---

[91] Em 2008, Tom Zé escreveu o artigo "Exegese de 'Tô ficando atoladinha'", funk carioca. "No caso de Atoladinha, trata-se de um achado muito simples. Na repetição obsessiva: 'Tô ficando atoladinha, Tô ficando atoladinha' — a cantora não muda diatonicamente a nota musical: num crescendo insistente, vai subindo obsessivamente quartos de tom, como a própria excitação e aquecimento do assunto requer." http://tomze.blog.uol.com.br/arch2008-11-30_2008-12-06.html

[92] "Segundo Tom Zé, a 'placa virgem e faminta' do cérebro infantil guarda poderosamente, especialmente nos primeiros anos, informações do mundo circundante e, no caso dos baianos, da cultura árabe nordestinizada, de chegancas, desafios e repentes, da poética provençal traduzida em cancioneiro popular, tudo vertido em pensamento e sensibilidade de tipo oral, com seu correspondente substrato não verbal. Quando as

A observação singular acerca do "complexo de épico", talvez a primeira grande inflexão inventada por Tom Zé nesse sentido, possibilitou a ele consumar o destacamento de toda a ordem da música popular, instaurando um domínio próprio, um solo simultaneamente fértil e inóspito. Em paralelo ao humor, à gozação com o "complexo de épico" e à posição marginal, corria em paralelo o elemento central: a "procuratividade", a forma muito particular com a qual ele desenvolve sua criatividade, a pesquisa incansável por novas formas de compor e produzir, sem levar em conta os parâmetros do mercado, o "corpo-cancional" e o "gosto médio vigente". Poucos foram os que, com o tempo, permaneceram a seu lado, tanto no meio musical como na imprensa. Na medida em que essa tendência inegociável possibilitava o povoamento de seu domínio próprio, ao acumular ideias estranhas ao corpo--cancional da música realizada no Brasil, Tom Zé compreende que, no panorama da música do Brasil, estava sozinho.

A "descoberta" efetuada por David Byrne pode ser interpretada como o sentido mais amplo da palavra "descoberta", inclusive

---

crianças chegam à escola, expostas e submetidas ao letramento e à lógica aristotélica, essa outra lógica da oralidade é supostamente neutralizada, embora guardada em regime recessivo no hipotálamo. (...) A teoria do 'lixo lógico' é que as informações contemporâneas de então, da poesia concreta, do teatro de Zé Celso, do cinema de Glauber (ele mesmo um 'analfatóteles' como Caetano, Gil, Torquato, Capinam e o próprio Tom Zé) excitaram o padrão lógico latente no hipotálamo, fazendo-o vazar para o córtex cerebral e disparando a verdadeira pororoca mental (para usar uma imagem amazônica) que produziu o movimento da Tropicália." WISNIK, José Miguel. "Analfatóteles", *O Globo*, Rio de Janeiro, 28 de julho de 2012.

porque hoje Tom Zé possui mais história pós-Byrne do que pré-Byrne. O episódio é mais do que conhecido: em 1986, Byrne visita o Rio de Janeiro para apresentar seu filme *True Stories*, no mesmo ano em que Caetano Veloso causa polêmica pelo lançamento de *Cinema falado* no Festival do Rio.[93] Uma cópia de *Estudando o samba* cai em suas mãos e é levada até Nova York, provavelmente comprada em alguma loja de discos usados. Então Byrne liga para Arto Lindsay e pergunta: Quem é Tom Zé? "Que diabo de país é esse que tem um artista como Tom Zé e ninguém o conhece?" José Miguel Wisnik vai a Nova York e encontra Duncan Lindsay, irmão de Arto, que pergunta por Tom Zé. Wisnik então avisa a Tom Zé que Byrne está a sua procura. Roberto Santana ("um da família Santana",[94] primo de

---

[93] Entrevista David Byrne: "Eu estava visitando o Rio — para o Festival de Cinema, eu acho, talvez em 1986, ou algo assim (o filme do Caetano Veloso estava no festival na mesma época). Devo ter perguntado onde poderia comprar alguns discos brasileiros, porque alguns amigos levaram-me a uma loja na qual havia tanto vinis antigos como novos. Isso era incomum; a maioria das lojas possuía apenas discos populares e discos pop globais. Olhei para o disco do Tom Zé e pensei: 'Que tipo de disco de samba é esse? Ele não tem uma garota de biquíni na capa!'. Esta é a prova de que, às vezes — nem sempre —, capas fazem a diferença!"

[94] Verso extraído da canção "Baião atemporal", composta por Gilberto Gil, que cita a família de Roberto Santana, primo de Tom Zé. Do disco *Tropicália 2*, WEA, 1993. Sobre o conteúdo da citação, em que sentido diz respeito à família Santana e, particularmente, a Roberto Santana e Tom Zé, as mais diversas interpretações são possíveis: uma homenagem ao "sujeito decisivo" que foi Roberto, ao apresentar Caetano a Gil e levar Tom Zé pela primeira vez à televisão (*Tropicalista lenta luta*, p. 39); uma referência lateral, *mea culpa* disfarçada em relação à participação de Tom Zé na tropicália; ou, ainda, o decreto definitivo de sua exclusão ("Porque os tempos passaram e passarão / Tudo que começa acaba e outros cabras seguirão"). Na medida em que a

Tom Zé) recomenda: "Torne-se um alvo visível." Algumas referências também apontam a presença do jornalista Matinas Suzuki, que na época teria ido a Nova York para entrevistar Byrne e notado um lembrete em sua mesa: "No Brasil, procurar Tom Zé." Matinas publicou esse lembrete na matéria, despertando esperança no artista, que, àquela altura, já pensava em desistir. Em 1988, quando Byrne retorna para filmar *Ilê Aiyê (Casa da vida)* (1989), encontra Tom Zé em São Paulo através de Suzuki. Tom Zé então vai à Bahia com Byrne e combina a gravação de duas faixas, plano que se modifica em 1989 quando, através de uma carta, Byrne o convida para protagonizar o volume quatro de uma série da Luaka Bop chamada *Brazil Classics*. Com faixas extraídas de *Estudando o samba*, *Todos os olhos* e *Nave Maria*, então seu último disco, de 1984, a coletânea *Brazil Classics 4: The Best of Tom Zé* obteve êxito mundial, impulsionando sua carreira no exterior e possibilitando a retomada como artista. Já se tornou notória a anedota segundo a qual Tom Zé plane-

---

música "não serve pra nada e é pra ninguém", podemos deduzir que talvez não se trate exatamente de uma homenagem. Não deixa de ser curioso perceber que o tema da "atemporalidade" retorna em relação ao "enigma Tom Zé", como destaquei a partir da "dimensão dramático-teórica" dos "estudos". O mesmo Gilberto Gil teria lhe dito certa vez: "Veja, Tom, as coisas que você faz a gente não pode enquadrar em nenhuma época. Para mim são coisas à parte." (VESPUCCI, Ricardo. "O futuro da família brasileira é um hálito puro". *Revista Bondinho*, janeiro de 1972. In: PIMENTA, Heyk (org.). *Tom Zé*. Rio de Janeiro: Beco do Azougue, 2011, p. 25.) Nota-se também a flauta do cantor e compositor Lucas Santana, filho de Roberto, serpenteando o ritmo sinuoso do baião: "Basta pensar que Irará poderá não ser / Que os paus de arara de lá já não tem porquê / Porque os tempos passaram e passarão / Tudo que começa acaba e outros cabras seguirão / Cruzando o atemporal do tão do baião."

java retornar à Irará para trabalhar no posto de gasolina de sua família, o que, felizmente, não ocorreu.

"In my beginning is my end": entre as mil variações de seu "início" e o seu "fim", entrevê-se tudo o que há de cinzento (instável, indefinido, inaudito) acerca de Tom Zé, mas também o que há de próprio em sua obra. Achados críticos, poéticos e técnicos que se apresentam de forma híbrida, inseparáveis do cenário conturbado no qual foram desenvolvidos. Sintetizados nas composições de *Estudando o samba*, esses elementos "acinzentados", elaborados e desenvolvidos à luz de uma visão particular sobre a música e a cultura, revelam o abandono da obsessão pela canção perfeita, uma das inflexões mais comuns do que Tom Zé chamou em 1973 de "complexo de épico". É a partir da detecção do "complexo de épico", manifestada no disco anterior, *Todos os olhos*, que serão deflagradas a revolta contra a canção perfeita, mas também contra a síndrome voluntarista do artista e do ambiente cultural brasileiros. O "complexo de épico" é desencadeado a partir da mentalidade do compositor brasileiro, resumida pelo menos por três características: uma tendência a negociar com o gosto médio vigente e, portanto, com as aspirações do mercado e das gravadoras; o deixar-se afetar pelo modo acirrado e maniqueísta do debate político, produzindo eventuais adesões aproximadas, tais como ocorre no grupo tropicalista (contrários à ditadura, mas que recusava parte da esquerda estudantil); e, por fim, a crença nos efeitos políticos efetivos da arte, o que limitaria a obra à sua "validade" em relação ao combate à ditadura militar. Esse conjunto de observações críticas se dirigia também à noção redutora e generalizante de "cultura brasileira", assim como a algumas tendências político-culturais que atravessaram o ambiente cultural no Brasil ao longo do século XX, como o "beletrismo", o nacionalismo e o "bacharelismo".

Entre o gosto pelo jogo e a necessidade de se impor pela "descanção", *Estudando o samba* prima pelo esforço integral de modificar as coisas instituídas, por um projeto de denúncia do "complexo de épico" na música e na cultura brasileira em geral, e por uma pesquisa incessante por experimentar formas de composição, instrumentação, arranjo e performance. Não parece obra do acaso que justamente David Byrne, um escocês radicado desde muito cedo nos Estados Unidos, tenha reconhecido essas características no trabalho de Tom Zé, munido de outras informações sonoras menos presas à sonata e à harmonia funcional, livres do primado da canção. A respeito do "enigma Tom Zé", e particularmente ao mistério de *Estudando o samba*, não há resposta definitiva, muito menos "respostas", apenas tendências passíveis de uma interpretação que excede categorias como política, arte e cultura. Ciente da condição anômala da obra de Tom Zé em relação à música do Brasil, procurei apenas reunir, sob a forma de um mapa interpretativo, referências, narrativas, imagens e ideias que forneceram a matéria para a aparição de *Estudando o samba*, a obra, a desgraça, o mito, o marco, a redenção.

Post scriptum: Entrevistas realizadas por email entre março e julho de 2013

TOM ZÉ

O programa em *Todos os olhos*

"Em *Todos os olhos* já havia um programa. Foi o disco que começou a me jogar num programa, que vai englobar o 'complexo de épico'. A própria canção 'Todos os olhos' está dentro do programa de 'complexo de épico'. Naquele tempo eu vivia mantido pela classe universitária — aqui em São Paulo a classe universitária é muito numerosa, tanto na cidade de São Paulo quanto no estado todo —, e naquele tempo, no ostracismo, atendia telefone dentro de casa, eu pessoalmente. Então eu atendia estudantes daqui e do interior que ligavam me procurando pra fazer shows nos diretórios. Pegava o Vicente Barreto, que cantava comigo, e era parceiro quase constantemente. Íamos na minha Brasília velha. Ele não sabia guiar, então eu era o motorista, e íamos pra esses shows no interior. E a convivência com os estudantes da classe universitária, que eram os meus patrões, tinha uma parte um pouco difícil. Naquele tempo, o inimigo comum era a ditadura. Mas eu não concordava com a maneira que a classe universitária queria combater a ditadura. *Todos os olhos* se refere a isso."

Todos os sambas

"Em *Todos os olhos* já tinha todos os procedimentos que iam ser desencadeados depois, através da minha vida toda e, principalmente, no primeiro momento, em *Estudando o samba*."

Establishment

"Eu tinha pensado outra coisa a que você se referiu aqui de passagem: o *establishment*. Todo estúdio era um representante do *establishment* — não só em referência ao gosto musical, mas em referência a todo o procedimento estético — que se tornava até uma espécie de 'censor do gosto médio vigente'. Porque qualquer coisa que você queria botar diferente no próprio disco, o técnico do som simplesmente poderia interditar. O exemplo mais doloroso disso é a canção 'Brigitte Bardot'. Nunca consegui gravar com a concepção que eu tinha! Era uma música que deveria começar com sessenta por cento de volume ali no VU, que ia baixando, baixando, baixando, até que na hora que falava a palavra 'suicídio' entrava cem por cento do VU. Resultado: o técnico de som me avisou logo que isso não podia tocar em rádio. Eu falei: tá bem, mas a ideia é essa, o que é que eu vou fazer? E então gravei. Naquele tempo o disco era mixado e depois "cortado". Cortar significava fazer um LP de teste, que ia ser transformado numa coisa de ouro, que então ia ser aquilo que ia prensar os discos, né? E quando o homem da prensagem tava prensando o disco — por acaso foi o próprio Gauss, que é citado na canção 'Tropicália' —, ele falou: 'Bom, esse cara tá querendo me derrubar.' Ele devia estar perto, né, que eu via que ele ficava perto quando o disco ia sendo cortado, ele aí aumentou um pouquinho o volume. Quando eu ia diminuindo, ele: 'Nossa Senhora, esse cara vai me fazer perder essa prensagem feita até aqui.' Ele aumentava mais o volume, aumentava... Quando chegou na hora que explodiu cem por cento do VU com a sílaba 'dar' da palavra suicidar, ele aí disse: 'Ah, esse cara me arrebentou com tudo, que filho da puta, que sacana', me xingou de tudo quanto foi nome, e aí botou uma coisa que chama compressor. O compressor aumenta o que tá baixo e abaixa o que tá alto. E aí minha música acabou nunca sendo gravada."

"Válido"

"Outro hábito do mundo estudantil daquele tempo era o hábito de dizer 'é válido', 'não é válido'. Não tinha uma conversa de três minutos em que a palavra 'válido' não entrasse. E parecia mesmo uma repercussão do pensamento, uma estaca do pensamento. 'É válido', 'não é válido'. Eu aí escolhi essa expressão, 'complexo de épico'. O heroísmo, a luta com a força. Em *Todos os olhos* eu mostro que não era a força que ia vencer a ditadura, que o que ia vencer era justamente o aparentemente fraco, né?"

Recepção a *Todos os olhos*

"Bom, existem várias coisas curiosas em relação à rejeição ao disco *Todos os olhos*. Por exemplo, a música 'Augusta, Angélica e Consolação', que eu sonhava que seria sucesso em São Paulo (como é hoje), naquela época fez sucesso curiosamente no Rio de Janeiro. O sambinha, que tava na moda, ainda mais aquele que era 'adonirônico'. Eu fiz plagiando a forma de Adoniran. E aquelas três mulheres que eram Augusta, Angélica e Consolação, três mulheres de minha vida — pois no Rio de Janeiro elas eram apenas isso, ao contrário de São Paulo, que eram as três ruas mais frequentadas, o núcleo visceral da cidade. Eu ia pra São Sebastião, litoral norte de São Paulo, e lá pegava mais as emissoras do Rio de Janeiro. Então eu ouvia 'Augusta, Angélica e Consolação' três vezes por dia, pelo sistema da Rádio Globo do Rio."

Recepção *Todos os olhos* 2

"Bom, o ostracismo surgiu com *Todos os olhos*. Agora que eu penso um pouco mais sobre o próprio disco sob o ponto de vista de um programa, em que eu tentava apresentar uma outra maneira de combater a ditadura. E o que veio a se chamar ostracismo? Eu antes era um cantor tocado. Assim como toca música caipira hoje na televisão, tocava a chamada MPB. E eu tocava na televisão, eu era da parada de sucesso, tanto 'São São Paulo, meu amor', como 'Jeitinho dela'. *Se o caso é chorar*, de 1972, foi muito presente também, esteve até em primeiro lugar durante algumas semanas. E, de repente, com *Todos os olhos*, eu deixei de tocar. Deixei de ir na televisão. Houve ainda um hiato na aceitação, porque exatamente nesse tempo o Júlio Medaglia voltou da Europa e foi contratado pra ser o diretor geral do *Fantástico*. E então, quando eu tava deixando de tocar em todos os lugares, curiosamente no *Fantástico*, que era o sonho, era um lugar sonhado por todo os cantores, né? Eu fui lá com o disco *Todos os olhos*, eu fui lá três ou quatro vezes. Eu cantei lá 'Todos os olhos', e da outra vez cantei 'Botaram tanta fumaça'. Tanto que essa música, 'Botaram tanta fumaça', é uma das raridades de canções minhas que foram parar em novela da Globo, a pedido do próprio autor da novela *O espigão*."

Modificar as coisas instituídas

"Eu nunca admiti a tentativa de repetir, mesmo porque sou um compositor ruim. Tenho que ir ali pra fronteira, onde a coisa tá deixando de ser comum, se não, eu não posso concorrer com os artistas inspirados, capazes de prover o espírito público com essa arte da contemplação que as pessoas esperam da música. Eu trabalho mais com o cognitivo e fico tentando enganar dizendo que também sou da contemplação. Me lembro que na Escola de Música da Universidade da Bahia, a gente fazia aqueles exercícios: pegava um estudo qualquer do 'Cravo bem temperado' ou de qualquer outro compositor e fazia para quarteto de corda: violino, viola, cello e baixo, ou então primeiro violino, segundo violino, viola e cello. E todo dia aquilo era uma coisa simplesmente mecânica, você copiava o soprano, a voz chamada soprano, a voz mais aguda pra primeiro violino, e assim ia. Era simplesmente uma cópia. Eu dizia: 'Meu Deus, não é possível que eu venha aqui pra essa escola fazer cópia.' E aí dizia: 'O que é que eu posso fazer diferente disso?' Ora, aquilo é um cerco filha da mãe (risos), você não pode fazer nada diferente naquilo. Mas eu consegui fazer uma brincadeira. De vez em quando tirava de todos os violinos, passava pra o solista — o primeiro violino sempre é um solista. Quando você precisa de um solista pra um pequeno trecho você pega o primeiro violino. E assim eu comecei a botar de vez em quando um violino sozinho fazendo solo de um trecho, fazia uma coisa invertida. Eu fazia umas brincadeiras e o professor dizia: 'É, tá certo, pode ser assim, boa ideia, e tal', e isso só me deixava satisfeito, porque ali era um lugar em que quase não era possível mexer em nada. Então, assim como nos estudos de instrumentação, na hora de fazer qualquer coisa, inclusive o *Estudando o samba*, eu sempre tentava modificar as coisas instituídas."

Entortando o samba

"A noção de estudo na escola de música era uma noção diferente daquela com que a palavra seria tomada no mundo da música popular. Se eu fosse lançar alguns 'estudos' no mundo de música erudita seria pretensioso, mas no mundo de música popular era menos pretensioso até do que 'Entortando o samba' — eu pensei muito em 'Entortando o samba', mas achei demais.

Por isso adotei a palavra 'estudo'. Outra coisa: eu não escolhi fazer estudos, eu me apanhei surpreso de estar fazendo uma coisa a que eu precisava dar um nome e dei o nome de 'estudos'."

Samba em ⁶/₈
"Em certo momento, eu fiz aquela levada em seis por oito, do 'A felicidade' de Jobim e Vinicius, com harmonia diferente. Fazer uma harmonia diferente pra música de bossa nova só mesmo um louco, né? E eu fiz um tipo de coisa diferente, e era como se fosse um novo arranjo pra música. E então naquela hora me apareceu a ideia de fazer o disco todo com sambas. E todas as espécies de samba, de que eu por acaso tinha me aproximado sem perceber. (...)"

"O professor Pasquale me pediu pra cantar na TV um trecho de 'A Felicidade'. Eu fiz, mas fiz em ⁶/₈ e achei interessante. E aí quis fazer toda a música inventando uma harmonia meio diferente. Naquele trecho a harmonia é radicalmente diferente. Depois tentei dar prosseguimento a essa coisa mais inventiva, mas inventar em cima de Jobim é como uma falta de respeito. Em todo caso eu já sou um desrespeitador velho, né? (risos)
   "Nesse momento foi que eu disse: 'Puxa, eu poderia fazer um disco todo com sambas.' Eu tinha feito uns sambas com o Elton Medeiros, o 'Tô' e o 'Mãe solteira'. Foi uma coisa também curiosa, essa. Foi quando o Elton Medeiros foi ver o *Rocky Horror Show*. E veio falar comigo a pedido do Guilherme Araújo. Eu sempre fazia o negócio de ator com uma paixão muito grande, e então o Guilherme falou: 'Não, o Elton tá muito admirado de você, proponha fazer umas músicas.' Eu propus, ele veio a São Paulo e nós fizemos numa noite só. Num dia só, numa manhã e numa tarde, esses dois sambas. Deixamos bastante encaminhado."

Os instrumentos novos

"Comecei a fabricar uns instrumentos experimentais no princípio dos anos 1970. E tudo nasceu de uma dia em que eu quis fazer uma harmonia para 'A noite do meu bem', de Dolores Duran. Eu queria fazer uma harmonia bem feita, como eu, estudante de harmonia, gostava de fazer. Passei um dia todo trabalhando. Quando foi de tarde fui tocar a harmonia e falei: isso é medíocre, isso não é nada. Fiz o seguinte cálculo: quando eu invento de fazer uma maluquice, da maneira que eu organizo a maluquice, organizo a coisa que está entre o limite do que é ruído e do que é música, eu sempre consigo com muito menos trabalho um resultado imediato que seja bom. Falei: 'Ah, não vou fazer mais essa canção.' O arranjo dela, que foi completamente diferente, completamente louco, está também no disco *Todos os olhos*. É um arranjo impressionante. Eu adoro esse arranjo. Quem gaba o toco é a coruja. Elogio em boca própria é vitupério. Então, como diz o nordestino, eu estou aqui vituperando."

"Comecei a dar muito crédito e investir muito nessas ideias. Nas ideias que não tinham a ver com a música convencional, formal. E aí, Neusa, minha esposa, participou de uma maneira gozada. Ela me deu uma enceradeira travada e me disse: 'Por favor, leve pra consertar.' Botei a enceradeira pra trabalhar, quando parava, eu dizia: 'Ô!' Ela estava emperrada. Porque uma enceradeira tem um *diminuendo* imenso, parece um instrumento de música. Aí fiquei brincando de fazer uma percussão com a enceradeira. Passei a desenvolver meu lado percussionista. Quando eu era pequeno, fui criado numa casa vizinha do Clube de Irará, o lugar onde a banda tocava com aquela bateria escrito 'Jaze Ideal', 'Jaze' com um 'z' só e um 'e', o nome da banda de Irará. Ficava junto do meu quarto. Quando eu dormia, era encostado na parede com o bumbo tocando. E o bumbo era o que passava. Então, mal ou bem eu tinha essa cosmogônica intimidade com o som da percussão. Então, nesse ano de 1972, 1973, essa coisa voltou e eu comecei a pensar que a guitarra podia regredir, também, como a enceradeira. Então pedi a Neusa uma enceradeira mais velha ainda que a gente tinha e comecei a botar algodão, até fazer ela repetir o que a outra fazia. O instrumento da enceradeira foi posto depois, que aliás vocês estão vendo aqui. Não era assim, simplesmente tocando motores de enceradeira. Eram microfones acoplados no corpo de metal das enceradeiras, que eram levados pra uma mesa, e cada som daqueles era tratado. Então a plateia não via o motor da enceradeira. Ouvia quando a gente acionava um dos microfones com som. Era uma coisa muito mais sofisticada."

Uma poesia/canção interjetiva

"'Índice' foi feito durante a gravação com vários parceiros, o Briamonte, que também ajudou muito no disco, o próprio produtor, que era o Heraldo do Monte, que também colaborou muito. O arranjo, por exemplo, de 'Você inventa', eu pensava que não era capaz de fazer, mas foi feito porque eram músicos excepcionalmente bons e pacientes comigo. Claro que não foi no dia da gravação que eu pensei naquelas interjeições. Tinha uma coisa constante, que eram os olhos sempre abertos pra tentar descobrir, no linguajar do dia a dia, alguma coisa que, reunida, pudesse dar um caráter diferente. Por exemplo, essas interjeições. Um disco interjetivo. Uma canção 'interjetiva'."

Tô

"Chacrinha começou a dizer no programa dele praticamente metade da letra de 'Tô'. Ora, um artista completamente fora de circulação, com um texto no programa mais popular do Brasil?

Pensei assim: bom, se eu falar na Continental vão advogar pra eu cantar lá no Chacrinha o meu próprio samba. Mas rapaz, nesse tempo eu tava numa fossa, numa miséria psíquica tão miserável, que eu nem quis que a Continental me botasse pra ir tocar no Chacrinha e fiquei calado."

Ostinatos

"Quando o Carlinhos Veiga foi meu colega de Universidade da Bahia, no Seminário de Música, e se tornou regente, passou uns tempos aqui em São Paulo. Eu tava invocado com essas coisas de ostinatos. E depois descobri que a batida de samba tradicional, a mais tradicional, era aquela que melhor se adequava aos ostinatos. Davam um balanço inacreditável! Eu compunha com a quinta e a sexta corda do violão o que iria ser tocado pelo baixo dobrado com a guitarra, mas antes de dobrar o baixo com a guitarra, usava os sopros. Eu pedi a Briamonte pra escrever pra trombone e outros sopros e metais. Depois, no disco seguinte, nós fizemos uma radical diminuição dessa orquestra, que foi o disco *Nave Maria*. Acabamos botando a guitarra com aquela distorção antiga de 1950 e o contrabaixo normal."

O cavaquinho no meu samba toca tamborim

"O cavaquinho tinha uma coisa: eu comentava que, por exemplo, o céu tem estrelas nos 180 graus que a gente enxerga, do horizonte, digamos, norte, ao horizonte sul, ou então do horizonte leste ao oeste, tem os 180 graus tão cobertos de estrelas. E na música do mundo, na música que se fazia, principalmente a música popular, era como se o céu até o zênite fosse muito populoso de estrelas; do zênite pra baixo, assim, uns 20 graus, ele ainda tinha um ou outro instrumento que ia ali de vez em quando, mas não tinha uma coisa que trabalhasse ali. E para o mais agudo, isso desaparecia completamente. No caso dos baixos, considero o zênite aquilo que o ouvido humano pode ouvir, isto é, as 16 vibrações por segundo do contrabaixo, das notas mais graves. Mas no agudo... Então, o instrumento que estava à mão era o cavaquinho. E eu na verdade não usava o cavaquinho como instrumento de fazer harmonia, nem de compor melodia, como era o caso dos cavaquinhistas de 1950, sobretudo o Waldir Azevedo. Eles fizeram aqueles discos maravilhosos, aquelas melodias maravilhosas, aquele encanto, né? Então eu queria alguma coisa mais aguda no mundo da música e do samba. O que é que tinha à mão? As moças pra fazer a voz um pouco mais aguda, a voz de soprano e os cavaquinhos. Os cavaquinhos estão na primeira e segunda corda e bandolins na primeira e segunda corda, então me davam uma grande possibilidade de abrir a escala de Hertz para um mundo onde tivesse mais agudos. Porque as aulas de instrumentação dizem que em cada região você deve botar um instrumento porque assim se torna possível ouvir mais vozes. Então eu queria ouvir um cavaquinho muito agudo, que era uma espécie de tamborim, só que esticado. O cavaquinho no meu samba toca tamborim. E o contrabaixo volta a integrar a percussão. O contrabaixo passou a ser um instrumento cantante, como o cavaquinho também é, mas eles dois regridem na sua história de instrumento quando eu trabalho com eles. Aí passam a fazer parte da percussão, o primeiro como se fosse um protocontrabaixo, que ainda não canta bem, que ainda é quase um surdo. [Cantarola o ostinato de 'Mã']. Esse é o ostinato mais famoso que eu tenho."

O gráfico

"A teoria era que eu compunha da seguinte maneira: primeiro eu fazia um assoalho. O assoalho era a bateria com o samba tradicional, era uma casa como exemplificação. O assoalho, que era feito o chão, o pai, a terra, a terra-mãe, eram o contrabaixo e o surdo. Depois, na região média, tinha de vez em quando o violão — ou a guitarra média — na quarta ou na terceira corda. Depois tinha a 'cumeeira' com os cavaquinhos. Eu construía, botava a batida de samba, construía um *ostinato* no baixo com meu violão tocando na sexta corda, depois pegava o violão, também no superagudo, e tocava o cavaquinho que depois eu oitavava pra uma oitava acima. Mas meu instrumento de trabalho era o violão. Então eu fazia o assoalho e a cumeeira, depois alguma coisa que fosse necessária, as paredes de taipa, a mobília, alguma coisa, e uma dessas mobílias era a própria canção, que eu também tentava fazer dialogar ritmicamente. Veja bem, no 'Nave Maria': 'Tá tira tá dudu bidu'. Já tá tudo ritmado: o assoalho, o contrabaixo regredido na história dos instrumentos pra ser um instrumento da percussão, o cavaquinho em cima, regredindo na sua história pra ser um tamborim, um instrumento de percussão, e o próprio vocal que fazia 'Dudu bidu bidu bi'".

HERALDO DO MONTE

"Minha participação no referido disco foi muito rápida e superficial. Os arranjos já estavam escritos, não aconteceram encontros preparatórios. Eu apenas chegava no estúdio e ouvia se alguém estava com o instrumento desafinado, o que não aconteceu. Lia a parte que o maestro tinha escrito pra mim. Feito isto, voltava pra casa. Nada mais. (...) Era uma época que eu gravava em ritmo industrial, essa era apenas uma rotina de comerciais, bolerões, guarânias, de manhã até a madrugada, todo dia. Não lembro de nada, de nenhuma gravação."

DAVID BYRNE

"Eu estava visitando o Rio — para o Festival de Cinema, eu acho, talvez em 1986, ou algo assim (o filme do Caetano Veloso estava no festival na mesma época). Devo ter perguntado onde poderia comprar alguns discos brasileiros, porque alguns amigos levaram-me a uma loja na qual havia tanto vinis antigos como novos. Isso era incomum; a maioria das lojas possuía apenas discos populares e discos pop globais. Olhei para o disco do Tom Zé e pensei: 'Que tipo de disco de samba é esse? Ele não tem uma garota de biquíni na capa!' Esta é a prova de que, às vezes — nem sempre —, capas fazem a diferença!"

"Eu não escutei o disco até retornar a Nova York. Lembro que minha reação inicial foi: 'Nossa! Aqui está alguém no Brasil que está trabalhando em paralelo com os músicos de vanguarda em Nova York, na Europa e no Japão.' Lembro-me de perguntar ao Arto Lindsay: 'Quem é Tom Zé? Qual é a sua história? Como ele é percebido no Brasil?' Naquela época não havia internet, nem livros fáceis de se encontrar em inglês sobre Música Popular Brasileira ou sobre o movimento da tropicália. Era necessário perguntar a alguém — ter uma verdadeira conversa — para descobrir. Essa é uma história constrangedora, mas lembro-me de que mais ou menos um ano antes disso, eu estava em uma festa, talvez em Nova York, e eu vi o diretor Bruno Barreto. Eu fui até ele e perguntei: 'Quem é esse Caetano Veloso? Tenho escutado seus discos — e eu gosto deles — mas ele é popular ou obscuro? As pessoas respeitam seu trabalho no Brasil?' Arto foi muito prestativo, assim como foi seu irmão, Duncan, quando fui à Bahia alguns anos depois para fazer o filme *Ilê Aiyê*. Eu percebi que havia um movimento vanguardista brasileiro que era mais inclusivo do que movimentos similares no Norte."

"A música de Tom Zé é radical — mas, em muitos aspectos, muito fácil de se gostar. Ela acolhe você; ela não te afasta. Movimentos brasileiros anteriores como a bossa nova mostraram que músicas bonitas e radicalmente sofisticadas poderiam também ser populares, de forma que o desdém pela popularidade que os inovadores radicais possuem no Norte tampouco estava presente lá. Isso tudo foi muito empolgante para mim."

"Não há ninguém exatamente como o Tom Zé! Mas há outros artistas que podem ser observados (eu soube que Hermeto Pascoal 'tocou' um porco, e que Uakti tocou com Milton Nascimento usando tubos de PVC como instrumentos), então eu sabia que havia uma tradição de se utilizar instrumentos incomuns no Brasil. Mas Tom Zé não só usa instrumentos incomuns — seus textos e composições são completamente próprios também. Há ironia em alguns dos textos e músicas de Tom Zé: ele imita rock e funk com amor e humor, e escutamos o cavaquinho desconstruído!'

"Por mais próxima que a música possa ser de John Cage e da vanguarda internacional, ela conserva também algum sabor da música popular nordestina. Você pode ouvir Jackson do Pandeiro e Luiz Gonzaga ali também! Isso foi algo maravilhoso para mim — a música mantém algumas raízes populares e algum *swing*. Penso que é por isso que muitas pessoas amam a música de Tom Zé — ela não é nada elitista."

ARTO LINDSAY

"O que mais me impressiona no Tom Zé é como a repetição e a desconstrução parecem sempre naturais, como se estes procedimentos fossem normais nas feiras do Nordeste. Não parecem operações feitas em material folclórico, mas, sim, brincadeiras feitas no mesmo espírito do cancioneiro. Acho que no caso de Tom Zé, e, em geral, nesse confronto entre o Nordeste e os grandes centros urbanos, o que se mais chocam são as épocas, e não as geografias diferentes. Acho que o Brasil ainda é grande e tem muitas diferenças internas. Tom utiliza essas diferenças para se expressar. Então, eu poderia dizer que a obra de Tom Zé é atual no sentido de que não deixa o passado morrer!"

Referências

Livros e teses

BENSE, Max. *Inteligência brasileira*. São Paulo: Cosac Naify, 2009.

BOMFIM, Leonardo Corrêa. *Os tons de Zé: transformações paradigmáticas na obra de Tom Zé (1967-1976)*. São Paulo: [s.n.], 2014.

CALADO, Carlos. *Tropicália — A história de uma revolução musical*. São Paulo: Ed. 34, 2010.

CAMPOS, Augusto de. *O balanço da bossa e outras bossas*. São Paulo: Perspectiva, 1992.

COELHO, Fred. *Eu, brasileiro, confesso minha culpa e meu pecado. Cultura marginal no Brasil das décadas de 1960 e 1970*. Rio de Janeiro: Civilização Brasileira, 2010.

DUNN, Christopher. *Brutalidade jardim — A Tropicália e o surgimento da contracultura brasileira*. São Paulo: Unesp, 2008.

DURÃO, F. A.; Fenerick, J. A. "Tom Zé's Unsong and the Fate of the Tropicália Movement." In: SILVERMAN, R. M. (Ed.) *The popular avant-garde*. Amsterdã: Rodopi Press, 2010. p.299-315.

FAVARETTO, Celso F. *Tropicália: alegoria, alegria*. 2 ed. rev. São Paulo: Ateliê Editorial, 1996.

KOELLREUTTER, H. J. *Introdução a uma estética relativista do impreciso e do paradoxal*. Apostila de uso interno do curso: Estética relativista do impreciso e do paradoxal. São Paulo: Instituto de Estudos Avançados, Universidade Estadual de São Paulo, 1987-1990.

OBRIST, Hans U. *Entrevistas vol. 5*. Rio de Janeiro: Cobogó-Inhotim, 2011.
PIMENTA, Heyk. *Tom Zé*. Organização: Heyk Pimenta. Rio de Janeiro: Beco do Azougue, 2011.
SILVA, G. S. B. P. *Tom Zé: o defeito como potência — a canção, o corpo, a mídia*. Dissertação de Mestrado. Programa de Pós-graduação em Comunicação e Semiótica, Pontifícia Universidade Católica. São Paulo, 2005.
VELOSO, Caetano. *Verdade tropical*. São Paulo: Companhia das Letras, 1997.
ZÉ, Tom. *Tropicalista lenta luta*. São Paulo: Publifolha, 2003.

Filmes

Pirulito da ciência
Direção e produção: Charles Gavin, Brasil, 2009.
São Paulo: Biscoito Fino, Canal Brasil, Nuclear.

Tom Zé ou Quem está botando dinamite na cabeça do século?
Direção e roteiro: Carla Gallo, Brasil, 2000.
São Paulo: Net Filmes/Quanta.

Tom Zé — Astronauta libertado
Direção, roteiro, produção e montagem: Ígor Iglesias Gonzales, Espanha, 2009.
Espanha: Xique-Xique Filmes.

Fabricando Tom Zé
Direção e roteiro: Décio Matos Jr., Brasil, 2006.
São Paulo: Goiabada Productions/Spectra Mídia/Muiraquitã Filmes/Primo Filmes.

Tropicália
Direção: Marcelo Machado, Brasil, 2012.
São Paulo: Bossa Nova Filmes.

Uma noite em 67
Direção: Renato Terra e Ricardo Calil, Brasil, 2010.
Rio de Janeiro: VideoFilmes.

Programas de TV

O som do vinil
Apresentação e pesquisa: Charles Gavin.
Direção: Darcy Burger, Gabriela Gastal e Charles Gavin.
Pauta: Tárik de Souza.
Canal Brasil, 2008.

Programa ensaio
Direção Fernando Faro.
TV Cultura, 1991.

Programa ensaio
Direção Fernando Faro.
TV Cultura, 2013.

Roda viva
Apresentação: Jorge Escosteguy.
TV Cultura, 1992.

Roda viva
Apresentação: Mario Sergio Conti.
TV Cultura, 2013.

Artigos em jornais e revistas

CABRAL, Sérgio. "E se estudasse mais?". *O Globo*, Rio de Janeiro, 25 de fevereiro de 1976.

CHRISTGAU, Robert. "Estudando Tom Zé". *Barnes & Noble Review*, Nova York, 18 de novembro de 2010.

_____. "Zé Theory: A Brazilian Original: David Byrne's lavish box set salutes tropicalia pioneer Tom Zé". *MSN Music*, 7 de outubro de 2010.

DUTRA, Maria Helena. "Um gosto de nada". *Veja*, São Paulo, fevereiro de 1975.

SOUZA, Tárik de. "Ui! Hein?" *Veja*, São Paulo, março de 1976.

VELOSO, Caetano. "Lixo lógico". *O Globo*, Rio de Janeiro, 5 de agosto de 2012.

WISNIK, José Miguel. "Analfatóteles". *O Globo*, Rio de Janeiro, 28 de julho de 2012.

Artigos e resenhas em sites

GARDNIER, Ruy. "Tropicália lixo lógico". In: *A Camarilha dos Quatro*. Disponível em <http://camarilhadosquatro.wordpress.com>. Publicado em 4 de setembro de 2012.

RISÉRIO, Antônio. "Um pouco de Décio Pignatari", Salvador, *A Tarde*, 8 de dezembro de 2012. Disponível em <http://noticiasdapauliceia.blogspot.com.br/2012/12/um-pouco-de-decio-pignatari.html>.

Ficha técnica do disco

Produção: Heraldo do Monte
Arranjos: José Briamonte
Técnicos de Som: José Antonio (Zé Cafi); Marcos Vinicios ("Só", "Mãe Solteira")
Heraldo do Monte: Violão etc.
Edson: Violão, viola
Dirceu: Bateria
Cláudio: Contrabaixo
Natal, Osvaldinho: Percussão
Vicente Barreto: Violão e palpites
Rosário: Arregimentação e discursos
Eloa, Vera, Sidney e Roberto: Vozes
Pessoal de Santana: Santana, Osório, Vilma, Carlos, Celso, Vagner, Puruca (ou Pituca): Vocais
Odair Corona: Coordenação de Produção
Theo da Cuíca: Tambor d'água e outros instrumentos de sua criação (em "A felicidade")
Branca de Neve: Surdo
Estúdio de Gravação: Sonima e Vice-Versa (em "Só" e "Mãe Solteira"), ambos em São Paulo
Capa: Walmir Teixeira

Discografia

1968 – *Tom Zé*
Rozemblit

1970 – *Tom Zé*
RGE

1972 – *Tom Zé*
Continental (relançado em 1984 como *Se o caso é chorar*)

1973 – *Todos os olhos*
Continental

1976 – *Estudando o Samba*
Continental

1978 – *Correio da Estação do Brás*
Continental

1984 – *Nave Maria*
RGE

1992 – *The Hips of Tradition*
Luaka Bop/Warner Bros

1997 – *Parabelo* (Trilha sonora da Cia. de Dança Grupo Corpo, com Zé Miguel Wisnik)
Continental/Warner Music

1998 – *No Jardim da Política*

1998 – *Com Defeito de Fabricação*
Luaka Bop/WEA

2000 – *Jogos de Armar (Faça Você Mesmo)*
Trama

2002 – *Santagustin*
Trama

2002 – *20 preferidas*
Trama

2003 – *Imprensa Cantada*
Trama

2003 – *Jogos de Armar*
Trama

2005 – *Estudando o Pagode-Segregamulher e Amor*
Trama

2006 – *Danç-Êh-Sá* - Pós-Canção/Dança dos Herdeiros do Sacrifício/7 Caymianas para o Fim da Canção
Tratore

2008 – *Estudando a Bossa*
Biscoito Fino

2010 – *Explaining Things So I Can Confuse You*
Luaka Bop

2012 – *Tropicália Lixo Lógico*
Independente/Natura Musical

2013 – Tribunal do *Feicebuqui*
Independente

2014 – *Vira Lata na Via Láctea*
Independente

© Editora de Livros Cobogó

Editoras
Isabel Diegues
Barbara Duvivier

Editora assistente
Julia Barbosa

Organização da coleção
Frederico Coelho
Mauro Gaspar Filho

Coordenação de produção
Melina Bial

Assistente editorial
Catarina Lins

Revisão
Carolina Falcão

Capa
Radiográfico

Projeto gráfico e diagramação
Mari Taboada

CIP-BRASIL. CATALOGAÇÃO-NA-FONTE
SINDICATO NACIONAL DOS EDITORES DE LIVROS, RJ

Oliveira, Bernardo
O51e   Estudando o samba / Bernardo Oliveira. – 1. ed. – Rio de Janeiro: Cobogó, 2014.
144p.; 19 cm. (O livro do disco)

ISBN 9788560965
1. Zé, Tom, 1936-. 2. Samba. 3. Música popular – Brasil. 4. Samba – Brasil. I. Título. II. Série.

14-17479   CDD: 927.8042
                                                   CDU: 929:78.067.26

Todos os direitos reservados à
Editora de Livros Cobogó Ltda.
Rua Gen. Dionísio, 53, Humaitá,
Rio de Janeiro, RJ, Brasil —22271-050
www.cobogo.com.br

O LIVRO DO DISCO

Organização: Frederico Coelho | Mauro Gaspar

The Velvet Underground | **The Velvet Underground and Nico**
Joe Harvard

Jorge Ben Jor | **A tábua de esmeralda**
Paulo da Costa e Silva

Tom Zé | **Estudando o samba**
Bernardo Oliveira

DJ Shadow | **Endtroducing...**
Eliot Wilder

O Rappa | **LadoB LadoA**
Frederico Coelho

Sonic Youth | **Daydream nation**
Matthew Stearns

Legião Urbana | **As quatro estações**
Mariano Marovatto

Joy Division | **Unknown Pleasures**
Chris Ott

Stevie Wonder | **Songs in the Key of Life**
Zeth Lundy

Jimi Hendrix | **Electric Ladyland**
John Perry

Led Zeppelin | **Led Zeppelin IV**
Erik Davis

Neil Young | **Harvest**
Sam Inglis

Beastie Boys | **Paul's Boutique**
Dan LeRoy

Gilberto Gil | **Refavela**
Maurício Barros de Castro

Nirvana | **In Utero**
Gillian G. Gaar

David Bowie | **Low**
Hugo Wilcken

Milton Nascimento e Lô Borges | **Clube da Esquina**
Paulo Thiago de Mello

Tropicália ou Panis et circensis
Pedro Duarte

Clara Nunes | **Guerreira**
Giovanna Dealtry

Chico Science & Nação Zumbi | **Da lama ao caos**
Lorena Calábria

Gang 90 & Absurdettes | **Essa tal de Gang 90 & Absurdettes**
Jorn Konijn

Dona Ivone Lara | **Sorriso negro**
Mila Burns

Racionais MC's | **Sobrevivendo no inferno**
Arthur Dantas Rocha

Nara Leão | **Nara — 1964**
Hugo Sukman

Marina Lima | **Fullgás**
Renato Gonçalves

Beth Carvalho | **De pé no chão**
Leonardo Bruno

Os Paralamas do Sucesso | **Selvagem?**
Mario Luis Grangeia

Letrux | **Em noite de climão**
Roberta Martinelli

2025
―――――――――
1ª reimpressão

Este livro foi composto em Helvetica.
Impresso pela Gráfica JMV,
sobre papel Offset 75g/m².